JN035301

チームでつくる探究的な学び

授業のヒントは学校図書館に

監修・執筆

桑田 てるみ

執筆

宗 愛子／横井 麻衣子／眞田 章子／遊佐 幸枝

全国学校図書館協議会

執筆時の著者＋学校紹介

宗 愛子（専任司書教諭）
富士見中学校高等学校
東京都練馬区中村北4-8-26

中高一貫の女子校の専任司書教諭。創立80周年記念事業として校舎が立て替えられ、新しい学校図書館をつくるというタイミングで赴任。「探究学習の基盤となる学校図書館を」という願いから、学びの中心を意味する「Learning Hub」と名付け、2018年に開館。6か年探究プログラムをつくるメンバーとして初期から参画し、Learning Hubが名実ともに機能するよう日々奮闘。教科・担任をもたない専任が「学びをつなぐ人＝Hub」になるには何が必要か探究中。

横井 麻衣子（学校司書）
青翔開智中学校・高等学校
鳥取県鳥取市国府町新通り3-301-2

鳥取県東部初の中高一貫校として2014年に開校（併設型・男女共学）。学校の広報担当として設立・開校準備室に参画。「探究」を主軸にしたカリキュラムづくりに携わる中、学校図書館の運営と活用推進を担う（現在まで広報と司書を兼務）。2018年、スーパーサイエンスハイスクール事業指定と共に校内の分掌として「探究部」が発足し、メンバーに加わる。「総合的な探究の時間」のほか、教科・学年を超えた汎用的スキルを養う「探究スキルラーニング」の研究・開発を行う。

眞田 章子（学校司書）
かえつ有明中・高等学校
東京都江東区東雲2-16-1

2006年に千代田区から江東区に移転し、女子校から共学校になる。1984年から学校司書として同校に勤務する。2003年に開始された総合的な学習の時間のプロジェクトメンバーになる。また、2009年に新設された教科サイエンス（総合的な学習の時間）のプロジェクトメンバーになる。学校図書館は生徒に「ドルフィン」と呼ばれている。生徒にとって親しみのある場所となり、従来の学校図書館の機能を超え、校内の教育活動を積極的に支援する場所となるよう運営している。

遊佐 幸枝（元専任司書教諭）
東京純心女子中学校・高等学校
東京都八王子市滝山町2-600

中学校では1990年代半ばより生徒に考えさせる、探究を意識した授業が行われてきた。2017年度から本格的に探究を考えるチーム（専任司書教諭もメンバーに加わる）が発足。まず中学校3年間の探究学習を体系立てたものにすることに取り組んだ。このチームは、2022年度から総合的探究科という教科の形になり新たな歩みを始めている。専任司書教諭在職時は、積極的に教科での図書館活用を推し進めつつ、中学校の総合的な学習の時間（科目名「学び方」）の授業を受け持っていた。

桑田 てるみ（国士舘大学21世紀アジア学部教授）

学校図書館が探究的な学びにどのように関われるかに関心を持ち、司書教諭や学校司書が学校図書館で行ってきた指導や支援に多くのヒントがあると考えている。本書が多くの教師のヒントとなり、学校図書館の高度化に寄与することを願っている。

はじめに 探究的な学びをつくりたいときは、学校図書館を活用してみよう

　社会が変化したら、教育も変化します。教育が目指すものが変化したら、児童・生徒の学びも変化します。学校教育の現場は常に変化しています。高校では、科目名に「探究」を掲げる教科が新設されました。小学校・中学校の「総合的な学習の時間」は、高校では「総合的な探究の時間」と名前を変えています。何かを探究していく学びが、混とんとした社会を生きていく子どもたちに必要な資質・能力を育む学びとして重要である、と認識されたからにほかなりません。どのように「探究」する学びをつくるのかを、多くの教師が探っています。

 探究、と言われてもねぇ…。何から手をつければいいのやら…。

　「探究」のためには、問いを立てて調べたり考えたりしながら、学びを深める授業をつくる必要があります。最近では、児童・生徒一人ひとりがタブレットなどを持つようになりました。これらを使い、必要な情報をピンポイントで求める行動が見られるようになっています。しかし、「探究」は「正解を見つけること」ではありません。

 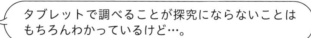 タブレットで調べることが探究にならないことはもちろんわかっているけど…。

　社会に出たときに役立つ「探究」のスキルやマインドを身に付けさせたいのであれば、正解を見つけ出すことだけをねらう学習をするわけにはいきませんね。タブレットを使って、調べるだけの学習からの脱却が必要です。

 では、どうやって？

　この本にそのヒントがあります。教師が一人で頑張った事例ではなく、学校の中のチームで探究的な学びをつくりだした事例がたくさん紹介されています。チームの中の力強いメンバーとして学校図書館には司書教諭や学校司書がいて、その力を借りることが有効であることがわかります。司書教諭・学校司書は、読書の専門家というだけではなく、情報を扱う専門家、そして学校における授業づくりの良きパートナーとなりうるのです。新しい社会に対応する、新しい学びをつくるために、チームで対応していきましょう。

 そうか。ちょっと協力してもらおうか！　いいのかな？

もちろん！　学校図書館では、探究的な学びを支援する準備をしています。本やタブレットからの情報提供だけではなく、あらゆる面でお手伝いします。 司書教諭・学校司書

　学校図書館を活用することで、これまで以上の深い学びや探究的な学びが展開できるはずです。学校図書館ではどんな支援をしてくれるのか、どんな事例があるのか、どのように声をかければいいのか、などなど、本書でたくさんのヒントを見つけてください。

もくじ

第6章 学校図書館が支援できる指導ポイント …… 103

「あとがき」にかえて

探究の過程における、この本の使い方

　本書では、探究学習を進めるために「学校図書館が支援できる指導ポイント」を第6章（103～123ページ）にまとめています。

　司書教諭・学校司書が、学校図書館で支援・指導できる［情報収集］［考察・評価］［表現・発表］について解説していますが、そこで掲載しているワークシートの一部は、以下のWebサイトからダウンロードできます。

https://www.j-sla.or.jp/

　全国学校図書館協議会のホームページより『チームでつくる探究的な学び』の書名を「サイト内検索」に入力し、書誌情報画面にある ワークシート ボタンをクリックしてください。

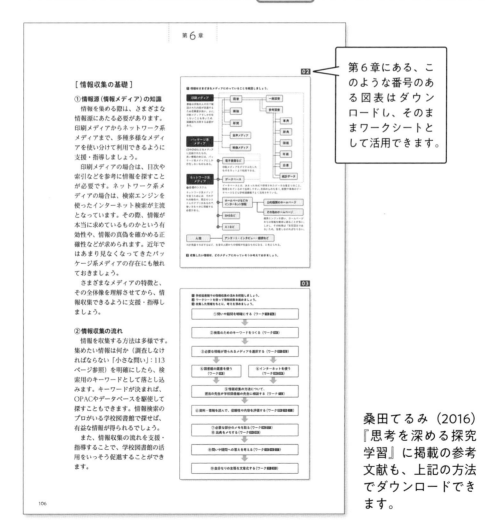

第6章にある、このような番号のある図表はダウンロードし、そのままワークシートとして活用できます。

桑田てるみ（2016）『思考を深める探究学習』に掲載の参考文献も、上記の方法でダウンロードできます。

第1章

探究するって
どういうこと？

①

探究とは何か

いわゆる「探究」とは

「探究」とはどのようなことなのでしょうか。

『学習指導要領解説　総合的な探究の時間編』から見ていきます。そこには、「探究とは、物事の本質を自己との関わりで探り見極めようとする一連の知的営みのことである」と記されています。また、デューイは、不確定な状況を確定された状況に変化していくことだとも述べています。いわゆる「探究」とは、疑問や問題が多い状況に対して問いを持ち、本質を探り、考えを深める営みといえそうです。

なお、高等学校では科目名に「探究」が入る教科が新設され、多様な問題に対して問いを持ち、多様な資料から考察する学習が求められるようになりました。一般の教科においても、「総合的な学習（探究）の時間」と等しい探究が求められていると考えられます。

「探究学習（探究的な学習）」とは

「探究的な学習」とは、「日常生活や社会に生起する複雑な問題について、その本質を探って見極めようとする学習のことであり、問題解決的な活動が発展的に繰り返されていく一連の学習活動」と、学習指導要領解説に記されています。現代社会の問題に向き合い、問いを持ちながら考察することが必要です。

また、「自らの考えや課題が新たに更新され、探究の過程が繰り返される」とあります。不確定な状況から生まれた問いに向き合い、いったんは確定的な状況になったとしても、さらに疑問が生まれ、探究を繰り返していくことが想定されます。

ふさわしい「探究課題」とは

「総合的な学習（探究）の時間」の学習計画をつくる際は、資質・能力の三本柱である「知識及び技能」「思考力、判断力、表現力等」「学びに向かう力、人間性等」にそって、何を育成すべきなのかを明確にする必要があります。それにふさわしい「探究課題」としては、①国際理解、情報、環境、福祉・健康などの現代的な諸課題に対応する横断的・総合的な課題、②地域や学校の特色に応じた課題、③生徒の興味・関心に基づく課題、④職業や自己の進路に関する課題が設定され、以下のような例が示されています。

国際理解、情報、環境、福祉、健康、資源エネルギー、食、科学技術、町づくり、伝統文化、地域経済、防災、文化の創造、教育・保育、生命・医療、職業、勤労

また、SDGsを取り上げ、世界的な問題を自分事として捉えられるようにするなど、じっくりと考えを深めていく課題が探究にふさわしいと考えられています。課題をどのように設定するのかが、学習計画において重要なポイントとなりそうです。

探究の過程

　探究の過程は、文部科学省が「課題の設定」「情報の収集」「整理・分析」「まとめ・表現」で表しています。

例）文部科学省『学習指導要領解説　総合的な探究（学習）の時間編』

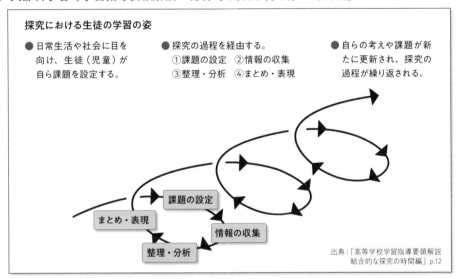

探究における生徒の学習の姿
● 日常生活や社会に目を向け、生徒（児童）が自ら課題を設定する。
● 探究の過程を経由する。
　①課題の設定　②情報の収集
　③整理・分析　④まとめ・表現
● 自らの考えや課題が新たに更新され、探究の過程が繰り返される。

課題の設定
情報の収集
整理・分析
まとめ・表現

出典：「高等学校学習指導要領解説 総合的な探究の時間編」p.12

　探究の過程はほかにも、各学校のオリジナルとして提案された多様なものがあります（第5章参照）。そのひとつに、6ステップ9アクションで示した探究過程があります。
①課題（テーマ）を設定すること
②課題に関する問いが必要であること
③情報を収集すること
④収集した情報をもとに考察すること
⑤考察した結果を表現すること（新たな何かを創造すること）
⑥最後の過程だけではなく、各過程で振り返り評価しながら進めていくこと

例）桑田てるみ・著『思考を深める探究学習』より

決める　➡　問う　➡　集める　➡　考える　➡　創る　➡　振り返る

　このように、探究の過程はどれも一直線に進むわけではなく、試行錯誤しながら進みます。問いに対して思考し続けながら、その答えがしだいに明らかになっていくのです。

③

調べ学習と探究学習

　探究するためには、単に何かを調べて理解する以上の学習が必要になります。では、調べ学習と探究学習とはどのように違うのでしょうか。

　調べる活動は、探究学習の過程では重要な学習活動であることに間違いありません。自分の問いを考えたり仮説を検証したりするためには、調べて情報を写し取ることも必要だからです。ただし、調べる作業だけを行わせている学習では、学習効果は高いものとはなりません。以前、大学生がレポートに調べたことを丸写しにする問題が話題になりました。その原因のひとつに「調べ学習」があるとの意見もありました。もしも、小中高で学んだものが、答えが明確にあるものを調べてきれいにまとめるだけの「調べ学習」であったのならば、そこには、疑問や問いに対する考察がなかったのかもしれません。では、調べ学習と探究学習には、どのような違いがあるのでしょう。

　以下に、その違いについて考えてみました。

調べ学習

[特 徴]
　調べて整理して報告することによる学習
　調べることに重点を置き、答えを見つけることによる学習
　答えは迷いなく見つけられることが多い学習（クローズドエンド）
　見つけた答えによって知識が増える学習

調べることによる学習
[利点・欠点]
- 調べることにより、知識が増えるだけではなく、それが定着する。
- 調べること自体（調べるスキル）を学ぶことができる。
- 答えを調べ、きれいに写すだけの学習（調べ写し学習）に陥る危険がある。

探究学習

[特 徴]
　自らの問い（問題意識）に関する答えを求めることによる学習
　探究のプロセスを大切にし、問いを探究し続ける学習
　明確な答えが見つからないことも許容する学習（オープンエンド）
　知識が増えるだけではなく、新しい疑問により探究のサイクルが回る学習

考えることによる学習
[利点・欠点]
- 問いに対して考えることにより、思考力など汎用性のある能力が身につく。
- 基本的な調べ学習ができないと、探究学習はできない。
- 適切な指導がないと、迷宮に陥る学習（迷宮学習）になる危険がある。

4

探究のために、学校図書館に
求められていること

　探究を行うためには、考えを深めるための資料や情報が必要です。資料や情報を収集するための要となるのが、学校図書館の活用です。

　学校図書館では、探究の場を整え、各種の資料提供を行い、授業づくりのよきパートナーとして教師との協働授業を行います。さらに、学校全体のカリキュラムのデザインにも参加して、よりよい探究の推進に寄与します。

　そこで、学習指導要領解説から、探究のために学校図書館に求められていること、学校図書館が最低限行うべきことを確認しておきたいと思います。

　ここでは、「総則編」と高等学校における「総合的な探究の時間編」の解説を基にA〜Dの4段階にして紹介していきます。

探究に寄与する学校図書館のイメージ図

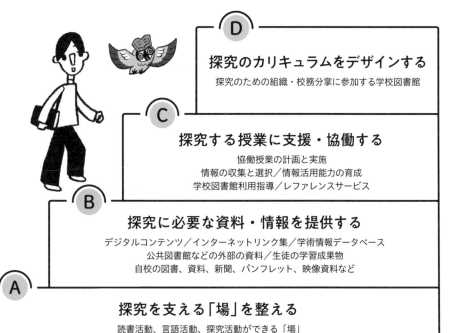

D 探究のカリキュラムをデザインする
探究のための組織・校務分掌に参加する学校図書館

C 探究する授業に支援・協働する
協働授業の計画と実施
情報の収集と選択／情報活用能力の育成
学校図書館利用指導／レファレンスサービス

B 探究に必要な資料・情報を提供する
デジタルコンテンツ／インターネットリンク集／学術情報データベース
公共図書館などの外部の資料／生徒の学習成果物
自校の図書、資料、新聞、パンフレット、映像資料など

A 探究を支える「場」を整える
読書活動、言語活動、探究活動ができる「場」
「主体的・対話的で深い学び」が展開できる「場」
人的・物的にも充実した学びの「場」

Ⓐ 探究を支える「場」を整える

　学習指導要領解説には学校図書館が読書活動だけではなく、探究活動の場になることが、以下のように明記されています。また、学校では、多様な学習を進めるための場の確保が求められていますが、それに最適なのが学校図書館です。

● 学校図書館の「場」の役割

　これからの学校図書館には、読書活動の推進のために利活用されることに加え、調べ学習や新聞を活用した学習など、各教科等の様々な授業で活用されることにより、学校における言語活動や探究活動の場となり、主体的・対話的で深い学びの実現に向けた授業改善に資する役割が一層期待されている。（学習指導要領解説「総則編」より）

▲調べ学習・探究学習に使う文具類を学校図書館に常備する。

● 探究の「場」となる学校図書館

　探究を進める学習の場面や時間を十分確保することや、そのための多様な学習活動を展開できるスペースを確保しておくことにも配慮が求められる。（学習指導要領解説「総合的な探究の時間編」より）

▲可動式の机・椅子を配置した探究学習を推進する学校図書館の空間。

Ⓑ　探究に必要な資料・情報を提供する

　主体的・対話的で深い学びが求められている教育現場に対して、学校図書館は資料・情報面から寄与できます。学習指導要領解説に書かれている学校図書館の資料は多様ですが、少なくとも、ここに書かれている資料群については、各学校の学校図書館が責任をもって提供する必要があるでしょう。

　さらに、各種資料の提供のほかにも、「データベース」を導入したり、リンク集を作成したりするなど、学校図書館に期待できることはたくさんあります。また、児童・生徒が探究した学習成果物については、学校図書館で保管、閲覧することで、学校の探究文化が生まれ、育まれていくに違いありません。

● 多様な情報源

> 　学校図書館の「学習センター」、「情報センター」としての機能を充実させ、図書の適切な廃棄・更新に努めること等により、最新の図書や資料、新聞やパンフレットなどを各学年の学習内容に合わせて使いやすいように整理、展示したり、関連する映像教材やデジタルコンテンツを揃えていつでも利用できるようにしたりしておくことによって、調査活動が効果的に行えるようになり、学習を充実させることができる。(学習指導要領解説「総合的な探究の時間編」より)

▲パンフレット・リーフレット等をファイル資料として収集・整理したコーナー。ディベートのテーマで情報を集める。

▲資料の別置コーナー。授業で利用する本やファイル資料を集める。

● データベースや、外部との連携による豊富な資料

学校図書館には、総合的な探究の時間で取り上げるテーマや生徒の探究課題に対応して、関係図書を豊富に整備する必要がある。学校図書館だけでは蔵書に限りがあるため、学術情報等のデータベースへアクセスすることや外部の公立図書館との連携を構築することも大切である。(学習指導要領解説「総合的な探究の時間編」より)

● 探究のためのリンク集

インターネットで必要なものが効率的に調べられるように、学習活動と関連するサイトをあらかじめ登録したページを作って、図書館やコンピュータ室などで利用できるようにしておくことも望まれる。(学習指導要領解説「総合的な探究の時間編」より)

▶有用な電子資料のリンク集を学校図書館のホームページにまとめる。

図書館を利用する	図書館資料を探す	電子資料を探す

電子資料を探す(リンク集)

*利用の際は、下記の記号を確認してください。

Free!	インターネット環境があればどこからでも利用できます。
校内	学校内のネットワーク環境においてのみ利用できます。
G ID	生徒・教職員は学校の Google アカウントで利用できます。
ID・PW	利用の際は専用 ID とパスワードが必要です。カウンターで確認してください。

▽ 図書・電子書籍を探す・読む

▽ 論文や雑誌記事を探す

▽ ものごとを調べる(辞書、辞典、統計、デジタルアーカイブ等)

▽ 新聞記事・ニュースを調べる

∨ 素材を探す(写真)(イラスト)(アイコン)

▽ 学習にお役立ちサイト(英語)

▽ 学習にお役立ちサイト(SDGs)

● 児童・生徒の学習成果物の保存と閲覧

総合的な探究の時間において生徒が作成した発表資料や論文集などを、学校図書館等で蓄積し閲覧できるようにしておくことも、生徒が学習の見通しをもつ上で参考になるだけでなく、優れた実践を学校のよき伝統や校風の一つにしていく上で有効である。(学習指導要領解説「総合的な探究の時間編」より)

▶生徒の探究学習の成果物（論文）をファイリングし、分類して保存する。

Ⓒ 探究する授業に支援・協働する

　学校図書館では、資料・情報だけではなく、司書教諭・学校司書（学習指導要領解説内での表記は、学校図書館司書）などの人材の活用ができます。司書教諭・学校司書は、資料・情報の活用方法を得意としているので、探究の授業をつくりたいと考えている教師の強力な援助者になります。まずは学校図書館の利用指導を行うことで、より深い資料活用が実現します。また、学校内の資料だけではなく、学校外の資料・情報へのアクセスへの道を学校図書館を通してつくることができます。さらに、探究を進めるなかで迷いが出てきた児童・生徒に対して、適切なレファレンスサービスも行えます。

　各学校は、学校図書館の資料面と人材面での充実が求められているといえるでしょう。

● 司書教諭・学校司書の指導

　司書教諭、学校図書館司書等による図書館利用の指導により、生徒が情報を収集、選択、活用する能力を育成することができる。（学習指導要領解説「総合的な探究の時間編」より）

● レファレンスサービス（46ページ参照）の充実

　図書館担当は、学校図書館の物的環境の整備を担うだけでなく、参考図書の活用に関わって生徒の相談に乗ったり必要な情報提供をしたりするなど、生徒の学習を支援する上での重要な役割が期待される。（学習指導要領解説「総合的な探究の時間編」より）

◀司書教諭・学校司書による、本の読み方や調べ方の指導。

● 学校図書館を学習計画に位置付け、打合せを実施

　教師は全体計画及び年間指導計画に学校図書館の活用を位置付け、授業で活用する際にも図書館担当と十分打合せを行っておく必要がある。（学習指導要領解説「総合的な探究の時間編」より）

D　探究のカリキュラムをデザインする

　探究を進めるためには、全校が一体になって進めていく必要があります。その際、探究のための体制をつくり、司書教諭・学校司書を含めた組織にする必要があります。学校図書館が、児童・生徒の探究を深めるために行う支援は、学校図書館に関わる人の専門性によることも多々あります。学校図書館活用を組み込んだカリキュラムをデザインすることで、より効果的な探究を進めていけるでしょう。

● 全教職員の協働の必要性

　この時間は特定の教師のみが担当するのではなく、全教師が一体となって指導に当たることが重要である。（中略）校長、副校長、教頭、養護教諭、司書教諭、学校図書館司書、実習助手、講師などもこの時間の指導に関わる体制を整え、全教職員がこの時間の学習活動の充実に向けて協力するなど、学校全体として取り組むことが不可欠である。（学習指導要領解説「総合的な探究の時間編」より）

● 探究のための体制づくり

　指導を担当する教師だけでは対応できない状況が次々と出てくる。このような場合に備え、まずは学年内で、さらには校内で養護教諭や司書教諭、学校図書館司書等も含め、教師の特性や教科・科目等の専門性に基づき、生徒の質問や相談に応じたり直接指導したりする仕組みを整えておくことが欠かせない。（学習指導要領解説「総合的な探究の時間編」より）

● 校内推進委員会に司書教諭・学校司書も加える

　構成については学校の実態によって様々なものが考えられるが、例えば、副校長や教頭、教務主任、研究担当、学年主任、学科主任、進路指導主事、生徒会担当、総合的な探究の時間コーディネーターなどが挙げられる。協議内容によっては、養護教諭、司書教諭、学校図書館司書、情報担当などを加える場合も考えられる。（学習指導要領解説「総合的な探究の時間編」より）

　学校図書館の活用は、以下のように学習指導要領「総合的な探究の時間編」の、「内容の取扱いについての配慮事項」に明記されています。

　学校図書館の活用、他の学校との連携、公民館、図書館、博物館等の社会教育施設や社会教育関係団体等の各種団体との連携、地域の教材や学習環境の積極的な活用などの工夫を行うこと。（学習指導要領解説「総合的な探究の時間編」より）

　しかし、具体的にどのように活用したらよいのかは明らかではありません。次ページからは、よりよい探究が実現するために何を実施すべきかを見ていきます。

よりよい探究が実現するために
何から実施すべきか

　探究する授業をつくるためには、司書教諭・学校司書も教師も、何から実現したらよいのか迷うはずです。そこで、両者は何をすべきかを見ていきます。

①学校図書館が行うこと
　司書教諭・学校司書は何から始めればよいのでしょうか。まず現状の学校図書館を把握して、できることから始めましょう。そのためのフローチャート（20ページ）を使い、23ページ以降に提示している、実践例を参考にしてください。

②教師が確認すること
　探究的な授業をつくる際に、学校図書館からは何がしてもらえるのかについて見ていきましょう。現状において、どの程度学校図書館を使いこなしているのか、学校図書館はどこまで支援してくれるのかをフローチャート（21ページ）で確かめ、23ページ以降に提示している、実践例を参考にしてください。

フローチャート上に示されたページの実践を参照しましょう。

司書教諭・学校司書	教師
A 探究を支える「場」を整える（23ページへ）	**A** 学校図書館の「場」を活用する（23ページへ）
B 探究に必要な資料・情報を提供する（29ページへ）	**B** 学校図書館の資料・情報を活用する（29ページへ）
C 探究する授業に支援・協働する（45ページへ）	**C** 司書教諭・学校司書と一緒に授業をする（45ページへ）

D 探究のカリキュラム・デザインに学校図書館も参加する

司書教諭・学校司書

学校図書館は
探究のために何ができる？

　学校図書館で行っているさまざまな支援について、Yes／Noチャートで見直してみましょう。当てはまるレベルに従って、学校図書館活動の実践を参照してみましょう。

Ⓐ 探究を支える「場」を整える（第２章）
Ⓑ 探究に必要な資料・情報を提供する（第３章）
Ⓒ 探究する授業に支援・協働する（第４章）
Ⓓ 探究のカリキュラムをデザインする（第５章）

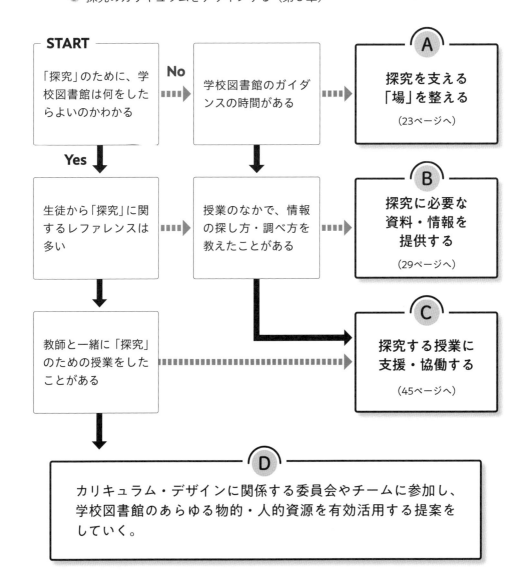

教師

探究的な授業のために、学校図書館からは何がしてもらえる？

　学校図書館が提供しているさまざまな支援を、Yes／Noチャートで見つけてみましょう。各レベルで受けられる支援を参照して、司書教諭・学校司書に依頼してみましょう。

Ⓐ　学校図書館の「場」を活用する
Ⓑ　学校図書館の資料・情報を活用する
Ⓒ　司書教諭・学校司書と一緒に授業をする
Ⓓ　探究のカリキュラム・デザインチームに司書教諭・学校司書を加える

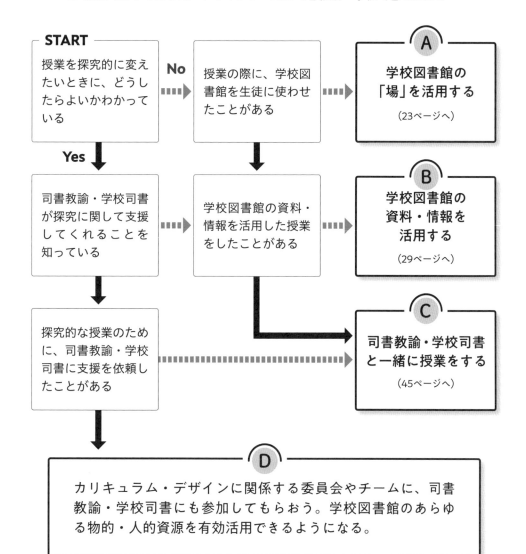

第2章〜第4章の見方・使い方

中2 歴史

事例 11

授業のアイデアも提供しよう②

授業者、生徒の授業へのモチベーションを高めるために

　生徒が「楽しみながら、なおかつ考えなければならない課題」を探していた教師に、司書教諭・学校司書が常々「おもしろそう」と思っていたアイデアを伝え、実現した授業です。現物の資料・資源の提供にとどまらず、アイデアも提供できるようにアンテナを高くしておきましょう。

　中学2年生の歴史で、架空のラジオ番組に有名人がゲスト出演すると仮定して、アナウンサーが読むプロフィール紹介のための放送用原稿を書くという課題を行いました。生徒は、アナウンサーになったつもりで、原稿をボイスレコーダーに録音して提出します。ねらいは、客観的な人物評価を行い、その人が注目される理由を考えることです。授業は2時間で、原稿書きと録音は宿題です。

❶ 資料提供やアナウンス原稿見本を作成することになったきっかけ

教師

> 歴史人物新聞をつくらせようと思うのですが、どう思いますか。

司書教諭・学校司書

> 新聞は、別の授業でついこの間つくりました。生徒たちは「またか」って言いますよ。新聞のつくり方は教えたので、できるとは思います。

> つまらないですよね。教科書に出てくる人物だとさらに…。

> 架空のラジオ番組に有名人がゲスト出演するという形で、人物紹介のための放送用原稿を書くというのはどうですか。

> おもしろそうですね。資料集めをお願いします。

❷ そのときの考え方

▶ 今話題の人たちの本を、いろいろ見繕ってみよう。本集めも楽しそう。
▶ 生きている人だけじゃなくて、亡くなった方の本でもいいよね。架空なんだから。
▶ この機会に、さまざまな人物に出会ってほしい。

❸ 学校図書館からの具体的な支援内容

● 図書の収集と別置
● アナウンス原稿の見本を作成
● 授業のアイデアの提供

別置

　図書は請求記号順に配架するのが原則ですが、図書の内容や形により別に配架することを「別置」と言います。参考図書や大型本、文庫本の別置がその好例でしょう。

　学校図書館ではこの他に、特定の教科、特定の学年が特定の期間利用する、特定の図書群をブックトラックなどに集めて置くことも「別置」と呼びます。利用する期間は貸出禁止にすることが多いのですが、これは、当該生徒の利用に供するとともに管理上の必要から行うものです。

授業の概要とねらいがわかります。

❶
（2章、3章の場合）
教師や生徒との会話から、学校図書館が関わっていった様子がわかります。

（4章の場合）
授業ができるまで
学校図書館が関わる際の要因を紹介します。

❷
（2章、3章の場合）
そのときの考え方
司書教諭・学校司書はどのようなことを考えていたのかを紹介します。

（4章の場合）
生徒の学び
どのような学びが展開されていたか、また授業の具体的な展開がわかります。

❸
（2章、3章の場合）
学校図書館からの具体的な支援内容
学校図書館からの具体的な支援内容がわかります。

（4章の場合）
学校図書館からの協力・提供
学校図書館から受けられる協力・提供のさまざまを紹介します。

言葉の解説のほか、教師の感想などがあります。

第2章

A 探究を支える「場」を整える

＊NDC（日本十進分類法）、OPAC（オンライン蔵書目録）の
解説は107ページ参照。

全体

探究に対応できる学校図書館をつくろう
新しい教育を支える場となるために

　学校図書館の教育環境を整えるのは大事な仕事です。探究的な学びに必要なものを積極的に学校図書館に取り入れるようにしましょう。

　アクティブな学びの環境を整えることで、学校図書館の学びに対する姿勢を示すことができます。

----

❶ アクティブラーニングスペースに改善することになったきっかけ

> 全国SLAが出版したオーストラリアの学校図書館の報告書を見ると、生徒同士が活発にディスカッションをしたり、活動的なワークショップができる、移動可能で、軽い机と椅子が導入されていますよ。

司書教諭・
学校司書

> 日本の学校図書館のイメージと違うね！　学校図書館の机も椅子も古くなったので、そういうものに変えて、もっとアクティブラーニングを校内に取り入れていきたいよね。

教師

> では各メーカーから見積もりをとって検討しましょう!!　大学図書館では、ラーニングコモンズというスペースが導入されつつありますよ。一緒にメーカーのモデルルームを見に行きませんか？

❷ そのときの考え方

▶ アクティブラーニングスペースを増やすことによって、学校図書館の利用者を増やしたい。

▶ スペースを提供するだけでなく、思いつく教育環境を整え、学校図書館を学内でいちばん教育効果のあがる、新しい学びの起こる場所にしたい。

❸ 学校図書館からの具体的な支援内容

● 可動式の机と椅子
● ホワイトボード
● Wi-Fi環境
● 電子黒板
● OPAC
● 各種データベース
● 館内利用状況の通知
● 授業支援セット（ディベートセット／哲学対話セット／ドミノ／レゴ／パターンカード・カードゲーム等の各種カード／文房具）

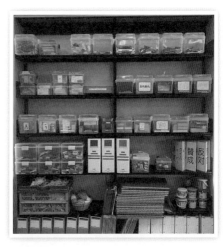

▲授業支援セット

可動式でコンパクトなホワイトボードは、いまや、学校図書館の必需品です。

▲持ち運びできるモバイルホワイトボード。

▲ディスプレイ付きで議論がしやすい角度の家具。

▲３Ｄプリンター

全体

探究に関わるサインやポスターを掲示しよう
学校図書館の機能を視覚的にアピールするために

　学校図書館が探究学習に関わっているということを視覚的にアピールすることは大事です。情報収集だけでなく、探究学習のプロセスすべてに関われるということを示すことで、生徒も教師も、探究学習のさまざまな場面で司書教諭・学校司書に相談してもよいという認識をしてもらえます。

- -

❶ ポスター掲示のきっかけ

教師

> こんなことを聞いていいかどうか、迷うのですが…。

> どんなことでしょうか？

司書教諭・
学校司書

> 環境問題をテーマに生徒に調べさせようと思うのですが、「調べ学習」というと、生徒はすぐにネットで調べて、コピペしてまとめればいいと思っているようなのです。

> なるほど。環境問題がテーマだと情報はいくらでもあるし、きれいにまとまっている情報も多いですよね。

> 「調べ学習」を、「写し学習」にしないために、何か案がありませんか？

> 「調べる」ということが、そもそもどういうことなのかを考える機会をつくったらどうですかね？

> 何のために調べるのか、調べてどうしたいのか、ということですか？

> そうです。学校図書館にその探究のプロセスを視覚的にしたものがあるので、それを見せながら話すとわかりやすいのではないでしょうか？

❷ そのときの考え方

　▶視覚的にわかりやすいポスターを掲示しよう。
　▶探究のプロセスを示して、自分が今どの時点にいるのか意識させよう。
　▶司書教諭・学校司書の役割も伝えよう。

❸ 学校図書館からの具体的な支援内容

　●探究プロセスを表したポスターやカレンダー、モビールなどの展示物

▲学校図書館からのメッセージ（調べるとは探すだけじゃない）。

▲各学年別の、探究の授業概要をまとめたポスター。

▲探究の授業（中１〜高３までの６学年）の１年間の流れを
　紹介する日めくりカレンダー形式の展示物。

▲探究のプロセスを表すモビール。

学校図書館という「場」の力

課題解決の場としての学校図書館
「人」もリソース

　ある日、生徒から「大好きな海外アーティストの曲をエレクトーンのコンクールで演奏したい。編曲と演奏の許諾を得たいが、自分の英語力ではメールを書けない…」という相談がありました。学校司書の元に、ときどきこんな思ってもみない相談が寄せられます。

　普通は「英文メールの書き方の本」や「和英辞書」を手渡すものかもしれません。でも、このときは「本」や「資料」ではなく、「英語の教師」を呼んできて「一緒に学ぶ場」を提供しました。そして生徒は「英語の文章を書いて著作者から許諾を取り、自分で編曲した曲を他者へ向けて演奏する」というゴールへ向かっていきました（後日、無事にアーティスト本人から許諾の返信があり、"Good Luck!!"のメッセージも受け取りました！）。

　この生徒は「困ったことが起きた。解決したいから、学校図書館で相談してみよう」と考えたようです。これからの学校図書館

は「本の置き場」「本を借りるところ」から、「問題や課題を発見し、創造的に解決するための場所」へとパラダイムシフトを起こすことが求められるでしょう。そのとき学校図書館が提供できるリソースのひとつが「人」です。司書教諭・学校司書といった学校図書館に従事する「人」は、ハブとなって利用者（生徒・教師）という「人」同士をつなげることができるからです。

つくる場・生み出す場としての学校図書館
生徒の創作や表現を後押ししよう

　学校図書館が、学年・教科・生徒と教師などの枠を超え、学び合い育ち合う「人」同士が出会う場になると、ワクワクする変化が起こります。誰かがつくった言葉やものに刺激されて疑問や問いの波紋が広がり、対話や議論が生まれ、新たなものがつくられる循環が生まれます。学校図書館は創造の震源地になり、図書をはじめとした多様な資料群が創作を助けます。

　世界を見渡せば、ニューヨーク公共図書館ではデザイナーが新作を発表するファッションショーを開催し、ロサンゼルス図書館では10代の少女たちが差別への抵抗をパンク・ロックで表現するライブを行っています。

　冒頭の生徒は、学校図書館でエレクトーンの演奏を披露してくれました。音楽に限りません。短歌・俳句・小説・動画・ポスター・立体物・演劇・ダンスなど、生徒の学びの成果を学校図書館に持ち寄りましょう。演奏会・展示会・発表会・朗読会などといった形で、その学びを表現する「場」として学校図書館を使ってもらいましょう。

　学校図書館で「人がつくり、生み出したもの」に触れた生徒は、やがて社会の担い手となり「つくり、生み出す側」になります。学校図書館は未来の文化の「つくり手」が育つ場所でもあるのです。

（横井麻衣子）

▲学校の公式YouTubeチャンネルで、学校図書館の取り組みを発信。

第 3 章

B

探究に必要な
資料・情報を
提供する

＊NDC（日本十進分類法）、OPAC（オンライン蔵書目録）の
解説は107ページ参照。

中1 生物

資料を別置して利用をうながそう

使える資料を集めて使いやすくするために

図書は調べるだけでなく、授業の導入において生徒が単元のイメージを膨らませるためにも利用できます。教師のイメージに合う図書を別置し、提供しました。

---

❶ 資料を別置することになったきっかけ

教師

中1の生物では、「人体」の単元で学校図書館と本を使いたいです。

「人体」に関する本を集めますね。

司書教諭・学校司書

本を使うのは「調べる」ためではなく、授業の導入に、生徒が人体に対するイメージが膨らむような本を揃えてほしいんです。

具体的にはどんな感じですか。

生徒同士が本を仲介して思わず話したくなるような本がいいです。

～～～～ 数日後 ～～～～

学校図書館のものと、公共図書館からも借りてきました。見てもらえますか？

絵や写真が多いこちらの本が私のイメージです。

わかりました。先生の希望の本をブックトラックに載せておきます。

助かります。学校図書館の予約がいっぱいなので、理科室で使いたいと思っています。

❷ そのときの考え方

▶ 教師の意図がよくわからなかったので、とにかく関連する本を集めよう。
▶ 集めた本から教師がイメージする本を選んでもらい、よりニーズに合う本を提供しよう。

❸ 学校図書館からの具体的な支援内容

● 図書の別置（ブックトラック）
● 公共図書館から団体貸出の利用

> **教師の声**
>
> 最初から教科書の内容に入るよりも、楽しそうな、ワクワクするような時間を取りたかった。学校図書館が集めてくれた本で、生徒の興味・関心を引き出せたかなと思います。（児島玲奈）

事例 **2**

情報源の選択に関わろう

調べさせたいなら学校図書館と思ってもらうために

　信頼性が担保されない情報源を使った調べる学習は、砂上の楼閣みたいなものです。調べる学習における情報源の選択には、学校図書館が積極的に関わりましょう。

　中学2年生の音楽で、「荒城の月」の「作曲者・作詞者を知る」「曲にまつわるエピソードを知る」「ゆかりの城を知る」という3つの事柄を調べる授業を行いました。ねらいは、「荒城の月」の背景を知ることによって、歌詞と旋律が生み出す雰囲気を味わえるようになることです。

❶ 情報源の選択に関わったきっかけ

音楽科の教師

> 生徒たちは端末を持っているから、それを使って調べさせるかな…。

他教科の教師

> 情報の信頼性に関して総合的な学習の時間で扱っているから、調べさせるなら学校図書館で相談したほうがいいよ。

 数日後

音楽科の教師

> 協力してください！

> 喜んで。

司書教諭・
学校司書

❷ そのときの考え方
　▶滝廉太郎と土井晩翠に関しては、『ポプラディアプラス人物事典』が使えるはず。
　▶本もいくつかあったな。中2が使えるか中身を確認しよう。
　▶データベース（『Sagasokka!（さがそっか！）』と『ジャパンナレッジSchool』）も使わせよう。
　▶以前、朝日新聞で「うた」の連載をしていたような気がする。『朝日けんさくくん』で調べてみよう。
　▶大分や会津若松の観光協会のWebサイトは使えないかな。
　▶教育芸術社（教科書会社）に使えるWebサイトの案内がないか、調べてみよう。
　▶「わけのわからないサイトで調べておしまい」だけは避けたい。

❸ 学校図書館からの具体的な支援内容
　●図書の別置
　●新聞記事の提供
　●データベースの使い方の説明
　●使えるWebサイトの案内
　●グループ分けの助言
　●メモ用プリント

市販のデータベースの提供

　インターネット検索で表示された情報の信ぴょう性は、裏付けを取る必要があります。しかし、調べるために使える時間には限りがあります。市販のデータベースを使うことは、信頼できる情報に効率よくアクセスできるという利点があります。

ブラウジングをおすすめしよう
自分の関心ごとを見つけるために

学校図書館の情報収集のひとつとして「ブラウジング」という、目的を持たずに偶然の発見を期待して情報を探す方法があります。

----

❶ 資料・資源を提供することになったきっかけ

教 師

> 自由なテーマで探究するとなると、何をテーマにしたらいいか悩んでしまう生徒がいます。こちらでいくつか候補を上げたほうがいいですね？

> 探究学習は、自分でテーマを見つけるということも大事なプロセスですよね。何をテーマにしたらいいかわからない生徒には、「書架に並ぶ本の背表紙を見るだけでもヒントがあるよ」と伝えています。

司書教諭・
学校司書

> 確かに図書館をぶらぶらするだけでも、いろいろな発見がありますね。学校図書館にある展示も、探究のテーマになるものですよね。

> それをねらって、その時々の話題になっていることをテーマにして展示しているんですよ。

> さすがです！　授業中に迷っている生徒を学校図書館に行かせてもいいですか？

> もちろんです。もし授業時間がもらえるのなら、クラス全員で来ていただいていいですよ。雑誌や新聞の切り抜きファイルなども紹介したいです。

> ありがたいです。時間割を後でお伝えします。

❷ そのときの考え方
▶オリエンテーション以来、NDCの話もしていなかったから、この機会にもう一度簡単に話そう。
▶新聞の切り抜きファイルを紹介したことがなかったから、生徒全員に手に取って見てもらおう。
▶探究のテーマになりそうな雑誌も集めて手に取れるようにしよう。

❸ 学校図書館からの具体的な支援内容
●書架の案内
●ファイル資料など、普段手に取ることのない紙媒体の資料

事例 **4**

公共図書館からの団体貸出を利用しよう

豊富な資料で学びの幅を広げるために

　自校の図書館の蔵書だけでは授業に必要な図書を整えることが難しい時には、公共図書館の団体貸出を利用し、幅広い資料を提供しましょう。

　中学1年生の地理では、単元の最後に発展課題として探究学習をしました。そこで使うための図書を揃えるために団体貸出を利用しました。

- -

❶ 団体貸出で資料を提供することになったきっかけ

教師

> アジア州もアフリカ州に続き課題が終了したら、発展課題として探究を実施したいので資料を揃えてもらっていいですか。

> 発展課題はどんなものですか。

司書教諭・学校司書

> 「世界にある問題・課題をひとつ取り上げ、持続可能な世界を目指して、地域や国などで、どのように連携していけばその問題や課題が解決に向かうか、考えてみよう！」か、「アジア州にある問題・課題をひとつ取り上げ、地域や国などで、どのように連携していけばその問題や課題が解決に向かうか、考えてみよう！」のどちらかです。

> 生徒は具体的に、どんな問題を取り上げてくるでしょう。

> 貧困、紛争、環境問題、人口、移民、格差などだと思います。

> 課題の中で扱いそうな地域に関する資料と、それらの課題に関する資料を揃えます。足りない分は公共図書館の団体貸出を利用しますね。情報を集めるためのカードとか、整理するプリントも利用できますよ。

❷ そのときの考え方

▶生徒が取り上げそうな課題を予測して、資料を集めよう。

▶公共図書館の団体貸出を利用しよう。

▶情報カードや情報を整理するプリントも紹介しよう。

❸ 学校図書館からの具体的な支援内容

●図書の別置

●公共図書館から団体貸出の利用

●学校図書館での授業場所の調整と提供／発表のビデオ撮影

教師の声

　普段、本を読まない・苦手だという生徒も、積極的に本を使っており、中には自分で新書を購入して探究している生徒もいた。ネットだけを使っている発表は似たような内容になってしまうが、本を使っている生徒の発表は独自性があり、内容もより深掘りされた興味深いものが多かった。

（三塚　平）

高2 音楽

自前のデータベースをつくっておこう
曲も検索できるようにするために

　雑誌は比較的新しい情報が得られる信頼性の高い情報源であるにもかかわらず、そのままではその内容を検索しづらいという難点があります。この難点は、OPACに雑誌の内容を入力して、図書と同じようにいつでも必要なデータを呼び出せるようにすることで解消できます。

　高校2年生の音楽で、1年間の集大成として生徒たちでアンサンブルを完成させるという授業がありました。小グループごとに企画・練習し、最後にミニコンサートを開きます。この時、自前のデータベースが役立ちました。

----

❶ データベースを提供することになったきっかけ

教師

> 学校図書館には『月刊ピアノ』がありましたよね。
> 選曲に使ってもいいですか。

> どうぞ、使ってください。別置しておきます。

司書教諭・
学校司書

❷ そのときの考え方

▶『月刊ピアノ』の発行年ごとに表示をつくって、見やすくしておこう。

▶ジブリやディズニー、テレビアニメの主題歌の楽譜も買ったな。一緒に置いておこう。

▶『月刊ピアノ』の収録曲は、学校図書館のOPACで「曲名」「アーティスト名」から探せることをアピールしなくっちゃ。

❸ 学校図書館からの具体的な支援内容

● 今月号から過去にさかのぼり、12年間分の『月刊ピアノ』の別置
● 楽譜本の提供
●『月刊ピアノ』に収録されている曲を事前にデータベース化

データベース化

　大量のデータ（数字や情報）を決まった形式にそって整理することで、データの検索や更新が簡単にできるようにしてある状態が「データベース化」です。探究や調べ学習に使える雑誌は、データベース化しておきます。

「お役立ちサイトリンク集」をつくろう

著作権に配慮して学習成果物をつくるために

　探究の授業が増えると、レポートやポスター、プレゼンテーション資料、動画など、学習成果物が多彩になります。デジタル素材の利用も増え、著作権には配慮しなければならず、生徒が責任をもって積極的にデジタル素材を使うための支援が必要です。

　写真・イラスト・音源などの素材を配布しているWebサイトの情報を集めます。その際、無償で素材を配布するWebサイトであっても、それぞれ利用規約があることに留意して整理します。授業で安心して使える「お役立ちサイトリンク集」として教師や生徒に提供することで、教科を問わずさまざまな授業で活用されるようになります。

- -

❶ リンク集を提供することになったきっかけ

教師

> 生徒がつくるプレゼンテーション資料や、ポスターで使われているイラストや写真は、どこから引用したのか判別できないことが多くて、著作権などの面で心配です。

> そうですね。学校図書館ではフリー素材を配布しているWebサイトの情報を集めています。「お役立ちサイトリンク集」というGoogleドキュメントにまとめているので共有しますね。各Webサイトの利用規約を確認して使ってください。

司書教諭・
学校司書

> それは助かります。次の授業では、イラストや写真のほかに、音楽も使いたいのですが…。学習成果物を動画にするんです。

> 「お役立ちサイトリンク集」は、いくつかにカテゴリー分けしています。「フリー素材（音源）編」を共有しますね。それから、写真や音源を利用する際のルールについてのレクチャーが必要ですね。よかったら授業に呼んでください。

❷ そのときの考え方

▶デジタル社会の善き担い手として、写真やイラスト・音源などの著者に対し、敬意をもって活用できるようになってほしい。

▶授業で使えるWebサイトやデータベースなどを、「お役立ちサイトリンク集」としてまとめておこう。

▶よく使うリンクの「基本編」のほかに、「フリー素材（イラスト・写真）編」「フリー素材（音源）編」などにカテゴリー分けしたら使いやすいかも。

❸ 学校図書館からの具体的な支援内容

● 「お役立ちサイトリンク集」
● 学校図書館Webサイト（37ページ参照）

Google系のアプリ

　GIGAスクール構想により教育系クラウド環境が全国の学校に整備されつつあります。多くの学校・教育委員会がGoogle社のGoogle Workspace for EducationまたはMicrosoft社のOffice365のいずれかのクラウドパッケージを採用しています。Googleドキュメントは、Wordに類似した文書作成アプリで、生徒・教師が同時編集するなど協働作業に適しています。

全体

オンライン版ファイル資料をつくろう
コンクールやイベントの最新情報を提供するために

学校に送られてくるコンクールやイベントの情報を学校図書館で一元管理します。学校図書館でチラシ（案内）をファイルするだけでなく、オンラインでも紹介することで、いつでもどこでもコンクールやイベントの情報を確認できます。

❶ オンライン版ファイル資料を提供することになったきっかけ

教師

学校にたくさんコンクールやイベントの情報が送られてくるのだけれど、多すぎて整理しきれません。生徒に紹介するのを忘れることもあって、よい方法はないでしょうか？

学校図書館でファイル資料として、コンクールやイベントの情報を集めています。学校図書館Webサイトでも同じものを紹介していますよ。

司書教諭・学校司書

サイトにあると、生徒は自宅からでもアクセスできて便利ですね。関心のあるものを、自分で見つけられるメリットもありますね。しかも随時更新されているなんて、すばらしい！

❷ そのときの考え方
▶学校に送られてくるコンクールやイベント情報は、すべて学校図書館に持ってきてもらえるよう、先生にお願いしよう。
▶コンクール情報は、「作文・論文」「作品づくり」など、カテゴリー別にしてみよう。
▶自分でコンクールを探せるように、コンクールを紹介しているサイトもリンクしておこう。
▶官公庁や科学館、博物館が主催のイベントで、参加無料のものを紹介しよう。
▶授業に関連するテレビ・ラジオ番組もいろいろあるから、リンクしよう。
▶イベントは内容別より、実施日のほうが見やすそう。終わったものは削除して、更新頻度は高めよう。

❸ 学校図書館からの具体的な支援内容
●学校図書館Webサイト
●ファイル資料

ファイル資料

パンフレットやリーフレット、チラシ、新聞の切り抜きなどをファイルしたものをファイル資料といいます。ファイル資料の内容は、学校図書館によってさまざまです。修学旅行などで訪れる地域の観光パンフレットや施設の案内、地図などを集め、地域ごとにファイルしたり、環境、福祉、産業など、テーマごとにファイルすることもあります。毎年、調べることが決まっているテーマについては、積極的にファイル資料をつくっておくと便利です。

学校図書館Webサイト

　学校図書館独自のWebサイトは、生徒が自宅から学びに関連するさまざまな情報にアクセスできること、探究学習を支援することが目的です。Google Workspace for EducationのGoogleサイトを使うと簡単につくることができます。サイトの運営には、情報収集はもとより、リンク切れなど、情報の鮮度のチェックも必要で、こまめな更新が欠かせません。

　テーマ・教科別道しるべのページには、コンクールやイベント情報のほか、授業に関連したページがあります。ここでは、担当教師と授業内容を相談のうえ、必要なリンク集や自宅からもアクセスできるOPACと連携したブックリストがあります（64ページ参照）。

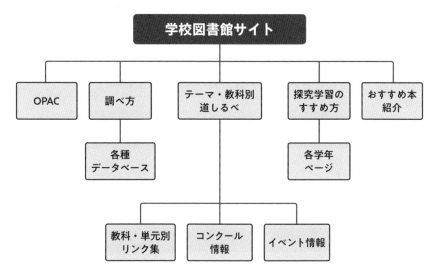

▲学校図書館のサイトマップ。階層をなるべくシンプルにする。

●●中学、高等学校	ホーム▽　調べ方▼　テーマ・教科別道しるべ▽　探究学習のすすめ方▽	
新聞記事データベース（校内アクセスのみ★使い終わったら必ずログアウト）		
朝日けんさくくん	**日経テレコン**	**ヨミダスforスクール**
1984年からの朝日新聞のほか、週刊朝日、AERA、朝日新聞デジタルの記事を検索・閲覧できます。	日本経済新聞、毎日新聞ほか西日本新聞、琉球新報などの記事も検索できます。	1986年から現在までの読売新聞記事がインターネット上で検索・閲覧できます。
*ID・PWが必要です。授業担当の先生か学校図書館の先生に聞いてください。	*ID・PWが必要です。授業担当の先生か学校図書館の先生に聞いてください。	*ID・PWが必要です。授業担当の先生か学校図書館の先生に聞いてください。
本の検索		
学校図書館蔵書検索	**区立図書館**	**東京都立図書館**
学校図書館の本の検索ができます。	近隣の図書館の所蔵資料を検索できます。	都立図書館の所蔵資料を検索できます。外国語資料、視聴覚資料の検索も可能です。

▲学校図書館のWebサイトより、調べ方のページ。学校が契約している各種データベースや、OPACへのリンクの入り口がある。

事例 8

高1 現代文

難しい本に挑戦するハードルを下げよう
新書でブックレポートを書くために

　高校1年生の現代文の授業で、同一テーマに対する新書を2冊読み、ブックレポートを書く授業を行いました。それぞれの新書における著者の主張や根拠を踏まえて、自分の考察を論理的に述べることがねらいです。

　高校1年生が短時間で読むべき新書を探し当てるのはハードルが高いので、司書教諭・学校司書が「新書とはどういうものか」を紹介し、ブックリストや「新書マップ」などのWebサイトも紹介することで、ブックレポートに適した本選びをサポートします。

❶ 新書や「新書マップ」の情報提供をすることになったきっかけ

教師

> 今年も高1で新書を読むことにチャレンジさせたいと思っています。「新書とはどういうものか」という紹介をお願いできますか？

> はい、喜んで。昨年度の高1の授業で、誰がどの新書を読んだかの一覧が残っています。生徒名を消して提供すれば、今年の本選びの参考になると思います。

司書教諭・学校司書

> ぜひそうしたいです。昨年は1冊読んでレポートを書かせたのですが、内容が物足りない気もしていました。少なくとも同じようなテーマで、2冊読ませたいなと思っています。

> 1冊目を読んだあと、「新書マップ」でイメージを広げてみてはどうでしょう。

> いいですね！　「新書マップ」を使うコツや意義についても、生徒へ説明をお願いできますか。

> はい。「新書マップ」で読みたい本が見つかったら、学校のOPACや公共図書館のOPACで探させてみましょう。公共図書館の本は数日で取り寄せます。

❷ そのときの考え方
  ▶闇雲に探すよりも、昨年度の先輩が選んだ新書のブックリストを提供すれば、今年の生徒が本を選ぶヒントとして呼び水になるかも。
  ▶1冊目の新書を読んで、生徒の中に関心があるキーワードがいくつか浮かんでいる状態なら、さらにイメージを広げられる「新書マップ」を使わせたい。
  ▶学校のOPACや公共図書館のOPACを横断的に行き来できると、求める本にたどり着く力がつき、他教科の探究にも役立つだろう。

❸ 学校図書館からの具体的な支援内容
  ●ブックリスト
  ●OPACの使い方説明ガイダンス
　　（学校図書館・公共図書館）
  ●新書についての紹介ガイダンス
  ●有用なWebサイトの案内と、使い方
　　レクチャー（新書マップ）
  ●公共図書館から団体貸出の利用

事例 **9**

他教科の学習成果物を紹介しよう

英語科でPOP作成をするために

　授業の成果物を異なる学年や教科へ紹介することも、資料提供のひとつになります。学校図書館内に展示したり教師に紹介したりしましょう。学校図書館や司書教諭・学校司書が情報のハブとなって複数の教科の学びにつなげることができます。

　中学校2年生の英語の授業では、本のおすすめポイントを英文で書き、色や形に工夫を加えて目を引くPOPづくりをしました。授業の計画段階では、他学年が国語の授業でつくったPOPを教師へ紹介することで、学習成果物のイメージが具体的になりました。

---

❶ 他教科の学習成果物を紹介することになったきっかけ

教師

> 中3の英語の授業で、英語のポスターづくりをしていますよね。あんなにすごいものをつくる時間はなさそうなんですが、中2で練習のようなことができたらと思って…。

> 中3の授業では多読テキストを使っていて、A4サイズの少し大きいポスターをつくっています。たしかにいきなりポスターづくりは大変かもしれないので、手のひらサイズのPOPづくりにしてみてはどうでしょう。これは国語の授業でつくったPOPです。

司書教諭・学校司書

> POPなら英文の量も少なくなるし、チャレンジしやすいかもしれないですね。中3と同じように、英語の多読用のテキストを準備してもらえますか？

> 中3はコンテストに応募するため、オックスフォード大学出版の多読テキストの使用という縛りがありましたが、日本語の小説にすれば取り組みやすいかもしれません。

❷ そのときの考え方

- ▶中2時点の英語力では、中3が行ったように大きなサイズのポスターに、長文のsummary（まとめ）やrecommendation（おすすめ）のテキストを書くのは難しいだろう。
- ▶英文3～4行で書けるPOPなら、他教科の授業でつくった成果物があるからイメージしやすいかも。
- ▶コンテスト用の英語の多読テキストは似たパターンが多くて、生徒に不評だった。読書家が多い学年だから、日本語の小説の方が意欲的に取り組めるだろう。
- ▶生徒にも本の選定に参加させよう。

❸ 学校図書館からの具体的な支援内容

- ●図書の別置
- ●公共図書館から団体貸出の利用
- ●他教科との接続（学習成果物の例の提示）

教科横断的な学び

　異なる教科の学びを、学習成果物を媒介にしてつなげることも学校図書館ができる支援のひとつです。POPのほか、ポスター、レポート、立体造形物、動画などの学習成果物を整理しておき、他教科の授業を計画する際に教師へ提供して参考にしてもらいます。

授業のアイデアも提供しよう①

生徒の興味・関心を喚起するために

　高校2年生の数学で、絵本『ふしぎなたね』（安野光雅　童話屋）を数学的に読むという授業がありました。導入で司書教諭・学校司書が読み聞かせをし、最後に数学に関する本の紹介もしました。

❶ 絵本を提供することになったきっかけ

教師

身近な事例で、数学に興味をもってもらうよいアイデアを探しています。

数学に関連する図書はたくさんありますが、例えばどんな感じのですか？

司書教諭・学校司書

私が愛読しているマーチン・ガードナーの『aha! Gotcha ゆかいなパラドックス』みたいな本です。

なるほど。少し時間をください。探してみます。

数日後

こんなにたくさん！　いろいろありますね。絵本もあるんですね、知らなかった。

「美しい数学」シリーズを書いた安野光雅さんは、とても有名です。ただ、この絵本が数学の単元と合うのかは、私にはちょっと…。

高2では、数学の漸化式（ぜんかしき）で使えますよ！

そうですか…私には想像できないのですが…。絵本の読み聞かせなら協力できます。

絵本の読み聞かせから数学に導入するのは、新しいかもしれません。授業案を考えるので、また相談させてください。

もちろん。

❷ そのときの考え方

▶『aha! Gotcha』といった数学ゲームの本だけでなく、4類（自然科学）以外の数学の本も集めてみよう。

❸ 学校図書館からの具体的な支援内容

●数学関連の本の紹介　　　●絵本の読み聞かせ　　　●授業後の関連本の展示

事例 11

授業のアイデアも提供しよう②

授業者、生徒の授業へのモチベーションを高めるために

　生徒が「楽しみながら、なおかつ考えなければならない課題」を探していた教師に、司書教諭・学校司書が常々「おもしろそう」と思っていたアイデアを伝え、実現した授業です。現物の資料・資源の提供にとどまらず、アイデアも提供できるようにアンテナを高くしておきましょう。

　中学2年生の歴史で、架空のラジオ番組に有名人がゲスト出演すると仮定して、アナウンサーが読むプロフィール紹介のための放送用原稿を書くという課題を行いました。生徒は、アナウンサーになったつもりで、原稿をボイスレコーダーに録音して提出します。ねらいは、客観的な人物評価を行い、その人が注目される理由を考えることです。授業は2時間で、原稿書きと録音は宿題です。

---

❶ 資料提供やアナウンス原稿見本を作成することになったきっかけ

教師

> 歴史人物新聞をつくらせようと思うのですか、どう思いますか。

> 新聞は、別の授業でついこの間つくりました。生徒たちは「またか」って言いますよ。新聞のつくり方は教えたので、できるとは思います。

司書教諭・学校司書

> つまらないですよね。教科書に出てくる人物だとさらに…。

> 架空のラジオ番組に有名人がゲスト出演するという形で、人物紹介のための放送用原稿を書くというのはどうですか。

> おもしろそうですね。資料集めをお願いします。

---

❷ そのときの考え方

▶ 今話題の人たちの本を、いろいろ見繕ってみよう。本集めも楽しそう。

▶ 生きている人だけじゃなくて、亡くなった方の本でもいいよね。架空なんだから。

▶ この機会に、さまざまな人物に出会ってほしい。

❸ 学校図書館からの具体的な支援内容

● 図書の収集と別置

● アナウンス原稿の見本を作成

● 授業のアイデアの提供

> **別置**
>
> 　図書は請求記号順に配架するのが原則ですが、図書の内容や形により別に配架することを「別置」と言います。参考図書や大型本、文庫本の別置がその好例でしょう。
>
> 　学校図書館ではこの他に、特定の教科、特定の学年が特定の期間利用する、特定の図書群をブックトラックなどに集めて置くことも「別置」と呼びます。利用する期間は貸出禁止にすることが多いのですが、これは、当該生徒の利用に供するとともに管理上の必要から行うものです。

教師

教師の教材研究も支援しよう

授業づくりのよきパートナーとなるために

　教師への支援も、学校図書館が果たさなくてはならない役割のひとつです。授業をつくるにあたっての参考になる資料（図書、新聞・雑誌）を紹介しています。

- -

❶ 教材研究のための情報提供をすることになったきっかけ

図書の提供

教師

> 高校でも探究が始まります。まずは教師が探究について勉強しなくてはいけないと思うのですが、よい本はありますか？

> 『中高生からの論文入門』（講談社現代新書）、『問う方法・考える方法』（ちくまプリマー新書）はいかがでしょうか？　中高生向けに書かれているので読みやすいし、授業のヒントになるような実践的なことも書いてあるので、先生方で読書会などしてはいかがでしょうか？

司書教諭・
学校司書

新聞・雑誌の提供

教師

> 高2公共の授業で使えそうな資料を探しています。ESG投資について、生徒が10分程度で読める文章量の資料ってありますか？

> 適切な文章量と考えると、新聞記事や雑誌記事はどうですか？
> 新聞記事検索データベースで探します。月刊「ニュースがわかる」などの時事が載っている雑誌や、「切抜き速報　社会版」などでも探してみますね。

司書教諭・
学校司書

> 探してくれるのですか！　助かります。

> よさそうなのを複数選びますので、授業で使えそうか判断してください。

❷ そのときの考え方

- ▶ちくまプリマー新書、ちくまQブックス、岩波ジュニア新書、岩波ジュニアスタートブックスなど、中高生向けのシリーズは必ずチェック。よいものは教師に紹介しよう。
- ▶新聞記事検索では、「ESG投資」というキーワードだけでなく、用語を解説するようなコラム記事（毎日新聞「なるほドリ」、朝日新聞「いちからわかる！」、読売新聞「ニュースQ+」など）から探すと、生徒が読みやすいものが出てくるかも。

❸ 学校図書館からの具体的な支援内容

- ●新聞記事検索データベース

＊ESG：Environment（環境）、Social（社会）、Governance（ガバナンス）

学校図書館がつくる教師用のサイト

学校図書館には、学校内の情報を保存（アーカイブ）しておくという大切な仕事があります。

また学校図書館には、教師向けの学内専用サイトを作成・運営し、教師の授業づくりを支援していくという役割もあります。

こうした教師用のサイト内では、探究のための科目を実施するのに必要な、研修の動画や授業の動画、役立つ資料などを保存し公開しています。

サイトは、教師が授業の計画や準備をするときや、実際の授業を実施するときに役立ててもらうのを目的としています。

●サイトで公開している動画の例
・会議や研修の動画
・授業の動画

研修や授業の動画が保存されていることで、教師はイメージがもてるようになります。また、動画に加え授業内容の解説や、役立つ参考資料などが紹介されていることで、研修や授業、そこで活用した資料を共有でき、すべての教師が同じレベルで授業ができるようになります。

さらに、学校図書館から提示される有益な参考文献により、授業をより深めていくことができます。

以下のような内容を盛り込んだ一例を、右に紹介します。

●スマホサイトに公開した授業例の内容
　1ページに1つの教育活動で構成しています。
❶タイトル／解説
❷授業・研修の動画
❸授業で使用できるスライド
　授業で利用するプリント
❹学校図書館のインスタグラムへのリンク
　（記事がある場合）
❺授業づくりに参考にできる文献

【インスタグラム記事】
学外にも公開している学校図書館のインスタグラム記事は、学校図書館が書いています。また、学校図書館に関連する活動は記録し、公開しています。

授業例を掲載した
スマホサイトの例

絵本を読み合う

❶ 解説 ➡ ●絵本の読み合いとは
3人グループになり、お互いに気に入った本の読み聞かせをする。

●授業の流れ
①絵本を選ぶ
②個人で絵本を読む練習をする
③グループで読み合う
④各自・全体で振り返る

●読み合いの効果
絵本の開き方や聞き手への視線の配り方など、読み手が楽しみながら工夫でき、プレゼンテーション力を高める学習としても効果的である。

●実施したい場合
学校図書館へ準備の依頼をしてください。

❷ 動画 ➡ ●授業の動画

❸ 資料 ➡ ●授業で使用するスライド

授業で使用するスライド

❹
インスタ
リンク ➡ ●インスタグラムのリンク

絵本を読み合う

❺ 資料 ➡ ●参考資料

「学び」が信頼につながる

これまで私は、学校司書から専任司書教諭に立場を変えながらも、一途に学校図書館の専門職として何ができるかを考えてきました。学校図書館の見方は少し変わりましたが、学び続けたいという想いは変わりません。

学校図書館の専門職が
大事にしたいこと

学校司書だったときの私は、学校図書館にいることが常で、来館する生徒や教師、館内で実施される授業に関わりました。ですから、来館する生徒をどう増やすかが大事であったし、教師にはもっと図書館をつかった授業をしてほしいと思っていました。

司書教諭である私は、学校図書館にいることも職員室にいることもあります。職員室で、日々校内で何が起こっているのかを耳にし、授業準備に励む教師を目にしています。学校図書館は教師にどんな支援ができるだろうか、生徒にはどんなアプローチをしたら学校図書館に足を運んでくれるだろうかと考えています。

カウンターから生徒を見て学校図書館ができることは何かを考えることと、学校の一部としての学校図書館でできることは何かを考えること、どちらも大事にしたいと私は思います。それは学校図書館の専門性を問い続けることに変わりはないからです。

何を、どうやって学べばいいのか？

専門性を問い続けると、学びは不可欠です。私の学びの最初の一歩は、学外で学校司書・司書教諭とつながることでした。情報交換をしたり、困っていることを共有できたりすることは何よりも心強い。アイデアをもらったり、自分の実践を報告したりすることで新たな気づきを得られる勉強会は、自分の軸をつくる大切な場にもなりました。

そして、次の一歩は教師とつながることでした。教師と協働するには、教育現場では何が話題になっているのかアンテナを立て常に情報収集することが必須だと思うようになりました。教育について学ぶと、教師との間の共通言語を持つことができます。共通言語を持てば、教師が日々悩んでいることに寄り添うことができ、解決の糸口を提供できるようになります。そうすれば、学校図書館に力を貸そうという気持ちが教師に生まれます。例えば、「授業をどうしたら探究的にできるのだろうか」と考えている教師に、「こんな本（例えば、本書）が新刊で出たのですが知っていますか？」と会話の糸口にすることで、実践が生まれるはずです。

「授業を一緒につくる人」に
なるために

専任司書教諭に着任して間もなくの頃に「司書教諭は何をする人なの？」という同僚からの素朴な一言に戸惑いました。読書案内や調べ学習の支援ができることを知っていても、自分の授業の相談をしようとは思っていないようでした。私はあらゆる情報や資料の提供をして、少しずつ協働して授業をつくるようになりました。後に同僚は「授業のことを話したときに、こちらの意図を理解して資料の準備をしてくれて、とても安心できた。はっきり授業内容が決まっていなくても相談していいのだという感触を得た」と話してくれました。教師との信頼関係があるからこそ実践は生まれると実感しています。

「学校図書館の専門職は一緒に授業をつくる人になり得る」という信頼を獲得するために、今日も私の「学び」は続きます。

（宗愛子）

第 4 章

C

探究する
授業に
支援・協働する

＊NDC（日本十進分類法）、OPAC（オンライン蔵書目録）の
解説は107ページ参照。

学校図書館での授業のかなめ
レファレンスサービスとは？

　レファレンスサービスとは、図書館員が図書館の利用者に対して、求められていることがらについての資料や情報を提供するサービスのことです。学校図書館においては、児童・生徒、教師からの質問に対して資料に基づき回答していきます。そのために学校図書館は、どんな質問にも対応できるように準備しています。ここでは、生徒や教師から司書教諭・学校司書に寄せられた質問と、その対応事例を紹介します。

よくあるレファレンスの場面

ケース1　資料を決めて求めるケース

探究において、ほしい資料は決まっているけれど、探し出せない。あるいは、探し方がわからない場合。

注意：生徒が口にした資料名が正しいとは限らない。また、探しているテーマによっては、ほかの資料のほうがふさわしい場合もあり、もっと深い考察に導けることも多い。

ケース2　資料を相談するケース

探究したいテーマは決まっていても、そのために何を調べればいいのか、どう探究したらいいのかがわからなくなっている場合。

注意：生徒が提示したテーマにぴったり合った資料があることは少ない。テーマを分解して、必要な資料を提示することのほうが多い。

ケース3　学校図書館からアプローチするケース

探究のために本を探しているのか、テーマを決めようとしているのか、何かを考察しようとしているのか…。学校図書館をうろうろしている場合。

注意：探究で、何をしたらいいのかわからなくなっている様子なら、声をかけて、相談してもらうように仕向ける。学校図書館ならではのサービス。

ケース1 資料を決めて求めるケース

生徒

> 読書離れがわかる資料ってありますか。

司書教諭・学校司書

> 何のための資料？　何を調べているの？

> 時事問題スピーチで、本屋さんが減っていることをテーマにしたんですが、その理由のひとつに「読書離れがある」って書いてあったんです。だから、読書離れがわかるデータがほしいと思って…。

> 小中高校生の読書の現状を調べている「学校読書調査」っていうのがあるけど、見てみる？

> 見ます、見ます。

> 書店の数や販売額の変化も必要ね。新しいデータはあるの？

> それは調べました。出版科学研究所のサイトを使いました。このサイトで大丈夫ですよね。

〜〜〜〜〜〜〜〜〜〜〜〜〜 数日後 〜〜〜〜〜〜〜〜〜〜〜〜〜

> 本屋さんって20年前は約2万店だったのに、今は半分の1万店なんです。ものすごく減っていると思うんだけど、〇〇ちゃんに「本屋は増えているんだって」と言われました。どういうことなんでしょうか？

> 〇〇ちゃん、その情報をどこで仕入れたのかしら？

> 朝のラジオで聴いたって言ってました。

> もしかして、本棚のスペースを貸し出す、シェア型書店のことじゃないかな。ひと棚借りて、自分の好きな本を並べて売る本屋さんらしいんだけど…。この前、新聞で読んだから、その記事なら新聞のデータベースで探せるよ。

> なるほど、そういうことか！　データベースで探してみます。

╲ **学校図書館「レファレンスあるある」** ╱

　生徒がほしいと口にする資料・情報が、本当に必要なものなのかは、いつでも「疑わしい…」と思わないといけないことを、学校図書館のプロは知っている。

　　　　　　　　生徒：沖縄の地図、ありますか？
　司書教諭・学校司書：沖縄に行くの？　家族旅行？
　　　　　　　　生徒：違います。地名を知りたいんです。
　司書教諭・学校司書：？？？
　　　　　　　　生徒：読めない地名があって…、だけど沖縄だと思うんで、地図で探そうと
　　　　　　　　　　　思って。
　司書教諭・学校司書：そんな時は、難読地名辞典を使うといいよ。確実に探せるから。
　　　　　　　　生徒：そんな便利な辞典があるんだぁ！　知らなかったです。

ケース2 資料を相談するケース

生徒

卒業研究で行き詰まってしまって…。相談してもいいですか？

 もちろん。テーマは決まっているの？

司書教諭・
学校司書

 はい。「出生前診断」についてです。あらかた調べ終わっているんだけど、次に何を調べたらいいのかなと思って…。

調べ終わったというのは、自分の問いについては、だいたい解決されたってことかしら？　資料を読んでいて、新たな発見とか、なかったのかな？

 うーん…。

どんな資料を調べたの？

 学校図書館にある本と、データベースも使って新聞記事もたくさん読みました。医師の立場や、妊婦さんや、家族の立場からも書いてあって…。

なるほど。確かに、いろいろな情報は収集できたようね。けれども、そもそもなぜ「出生前診断」に興味をもったのか教えてくれる？

 えーと、きっかけは保健の授業で「出生前診断」について知って…。それと、私は医師を目指していることもあって、卒業研究は進路に関係するものがいいと思ったんです

そうなのね。でも、医療に関わる問題って、なにも「出生前診断」だけじゃなくて、「臓器移植」だとか、まだいろいろあるでしょ？　いわゆる生命倫理に関する問題。なぜ、「出生前診断」が気になったのかしら？

 確かにそうですね。なんででしょう？

なんでだろうね。あなた自身のことだから、私にもわからないけれど…。

 初めて「出生前診断」について知ったとき、障害のある子どもが生まれるとわかったら中絶する人もいるって聞いて、ひどいって思ったんです…。

そうなのね。

 それと、公共の授業で、多様性について考えたときも、障害者について調べていたから、それが自分の中でつながったのかな…？

なるほど。『わたしで最後にして　ナチスの障害者虐殺と優生思想』という本があるんだけど、読んだことある？

 知らないです。

（一緒に書架に行く）
パラパラ見て、イメージと違ったらまた相談に乗るので、声かけてね。

 はい、ちょっと読んでみます。

ケース3 学校図書館からアプローチするケース

～～～～～ 生徒が新聞を開いて何かを探しているようす ～～～～～

司書教諭・
学校司書

何か調べてるの？

生徒

今度、推薦入試があって面接があるんですけど、そのときに
「最近の気になるニュース」とか、聞かれるみたいなんです。
とりあえず、新聞で探そうかなと思って…。

なるほどね。普段、新聞はよく読むの？

いいえ、まったく！
だから、どれを読んでも、なんだか頭に入ってこなくて…。

こっちの「朝日中高生新聞」や「読売中高生新聞」から読んだらどうかな？
1週間に1度の発行だけど、主要な出来事が載っているのね。それをざっと
見て、気になるニュースを探して、その後、新聞データベースで同じ話題の
記事を探して、詳しく読んでみたらどうかしら？
あるいは雑誌の『ニュースがわかる』も参考になるかもね。

（「中高生新聞」を手に取り）これなら読めそうです。これで探してみます。

＼ **生徒からのこんな「レファレンスあるある」** ／

● 日本の伝統工芸や伝統芸能の後継者が減っているというデータがほしい。（高1女子／探究）
● 私の好きなバンド○○の△△という曲は、□□という小説が元になっているらしい。その小説を読ん
  でみたい。（中2／読書相談）→○○＝YOASOBI、ヨルシカ、Mrs.GREEN APPLE等
● 探究学習でアンケート調査を行いたいが、どのような手順で行えばいいかわからない。（高2／探究）
● 海外で行きたい大学があるが、どのようにリサーチしたらいいか。（中2／困りごと相談）
● 児童養護施設で行われている、児童に対するメンタルケアのことがわかる文献がほしい。（高2／探究）
● 県外の図書館に所蔵されている雑誌を取り寄せられるか。（高2／探究）→複写取り寄せ

＼ **教師からのこんな「レファレンスあるある」** ／

● 中2の授業で鎌倉時代の武士の生活がわかる資料として、「一遍上人絵伝」の「武士の館」の絵と解説
  を探してほしい。
● 高3の卒業文集作成にあたり、コロナ禍をどう生きたかについて綴ったエッセイや記事等があるか。
● 文化のすばらしさや、さまざまな文化が交流することについて話し合うのに適した本を教えてほしい。
● 脳死＝「死」と定義付けることについての、賛成意見・反対意見がまとまっている本や資料が読みたい。
●「バングラデシュでつくられた低価格のシャツを、日本の高校生は買うのをやめるべきか」のディベー
  トのための本がほしい。
● 中学生が英語を勉強しなければならない理由が載っている本がほしい。
● 観天望気（天気のことわざ）について調べられる本がほしい。
● 文字やフォントが、広告に効果的に使われている例を知りたい。

図書館オリエンテーションを冊子化しよう

図書館の魅力を伝える授業

　　生徒が図書館のスキルを学ぶ時、あるいは探究学習をする時に、学びに必要な項目を冊子にまとめておくと、限られた時間で効率よく学ぶことができます。また、探究のプロセスを意識しながら学ぶと、必要な時には戻ったり、全体を振り返る時にも役立ちます。
　　教師から探究学習の相談を受けたら、単元を冊子にすることを提案してみましょう。

1 到達目標：自校の学校図書館の本を探せるようにする
2 学年・科目：中学１年生・総合的な学習の時間
3 単元名・時間：本について学ぼう・２時間配当

---

❶ 授業ができるまで

> 中1の総合的な学習の時間の中で、「本について」の指導をしたいと思っているのですが…。これからの総合的な学習の時間や教科学習でも役立つ、「本」についての知識を教えたいのです。

司書教諭・
学校司書

> 授業をやるのに何時間必要ですか。

教 師

> 最低２時間あったらうれしいです。

> 最終的には、生徒にどんな力が付きますか。

> 生徒自身が、図書館の本を探せるようになるのを目標にします。

> 具体的にどんな指導になりますか。

> 最初に、本の歴史について話します。現在の本の形態は、思いのほか新しいことがわかりますよ。

> おもしろそうですね。

> それから、本の各部分の名称（表紙・しおり・背・見返し・カバー・帯）、標題紙、目次、索引、まえがき、あとがき、奥付を確認します。
> その際、生徒一人ひとりに岩波ジュニア新書を配布します。同じ体裁の本を使うと、指導がしやすくなります。とくに「奥付」は、レポート等で参考文献を書く時にも必要なので丁寧に確認します。
> 背に貼られている背ラベルについても確認し、「次回はここから」と予告して、１時間目終了です。

> そうですか。次が２時間目ですね。

はい。2時間目は図書館の本の背ラベルに基づいて、解説していきます。NDCについては、公共図書館等でも使用しているので詳しく説明します。

公共図書館と共通なんですね。知りませんでした。後半は？

生徒は自分のコンピュータを使い、OPACの使い方を、練習問題を一緒に解きながら理解させていきます。Web情報を検索するための「and検索」も学びます。
最後に、生徒に書棚に行ってもらい、本を見つけるワーク（ゲーム）をします。探してもらう本には事前にシールを裏表紙に貼付しておくので、正解かどうか自分でわかります。一人ひとり別の本を探すので、他の人を頼れません。これまで学んだことを総動員して、生徒が一人で解決することになります。

盛りだくさんですね。時間、足りますか。

総合的な学習の時間の授業では、探究のためのワークをリサーチノートブックという冊子にしています。同じように、本についてのワークや必要な資料も全部この冊子にまとめて、スムーズに授業が進行するようにしたいと考えています。冊子は振り返りをするのにも便利で、最後は全体の振り返りができるようになると思います。

それはいいですね。一緒に勉強させてください。

❷ 生徒の学び

1 メディアとしての本のイメージをもつ。
2 本の構造を理解する。
3 請求記号を理解する。
4 NDCを理解する。
5 OPACの使い方を知る。
6 実際に本を探す。

❸ 学校図書館からの協力・提供

● 冊子の作成
● パワーポイントの作成
● 実際に本を探すゲームの準備
● 司書教諭・学校司書による指導

各自の端末で、OPACの使い方の練習をしている。

図書館オリエンテーションを冊子化しよう　図書館の魅力を伝える授業

使用したワークシート「本について学ぼう」

学校図書館のOPACで、検索してもらいます。

今回の講座の目標
- メディアとしての本について知る
- NDC（日本十進分類法）を理解する
- OPAC（オンライン蔵書目録）で学校図書館の本を探すことができるようになる

今回の講座の流れ
1. 本が生まれるまで…3
2. 本の構造を知ろう…4
3. 標題紙・奥付を知る…5
4. 本のラベルを理解する…6
5. NDCを理解する…7
6. OPACを理解する…10
7. 自分で本を探してみよう…13
8. 今回の活動を振り返る…17

2

▲目次

【練習問題①】
1）学校図書館のOPACのトップページを開いてみましょう。

2）メニューバーから、本を探すための「検索」メニューを開いてみましょう。

【練習問題②】
図書の検索をしてみましょう。「キーワードを入力」のところに、『世界はなぜ月をめざすのか』と入力してください。

- 「検索結果一覧」の画面に、
  図書は何件表示されましたか。　＿＿＿＿＿＿件

- 図書の「資料データ詳細」の画面を見て、以下のことを記入しなさい。

分類記号＿＿＿＿＿＿＿＿＿＿＿＿＿＿＿＿

著者名＿＿＿＿＿＿＿＿＿＿＿＿＿＿＿＿

出版社＿＿＿＿＿＿＿＿＿＿＿＿＿＿＿＿

出版年＿＿＿＿／＿＿＿＿／＿＿＿＿

11

▲OPACの使い方

7．本を探してみよう！
指定された書名の本を探し、シールをゲットしよう!!

書名＿＿＿＿＿＿＿＿＿＿＿＿＿＿＿＿

本をOPACで探して、順番に質問に答えなさい。

①著者はだれですか。＿＿＿＿＿＿＿＿

②分類記号は何ですか。＿＿＿＿＿＿＿

③著者記号は何ですか。＿＿＿＿＿＿＿

④配架場所はどこですか。＿＿＿＿＿＿

⑤次のページの書棚の配置図で、どのへんに本があるか図に印をつけなさい。

⑥実際に書棚に行って、本を探してください。表紙の裏にシールがあったら正解です。

シールをここに貼ってください。➡

13

▲ゲームの指示書

一般書架の配列図
NDC（日本十進分類法）をもとに並んでいます

007 コンピュータ	0	2	280 伝記	290 地理	2	4	400 自然科学 410 数学	420 物理 430 化学	4	5	590 家政学 596 料理のほん
	0	2		220 世界史	2	3	380 風俗習慣 民俗学	440 天文学 450 地球科学	4	5	520 工学
100 哲学 140 心理学	1	2	210 日本史	310 政治 320 法律	3	3	370 教育	460 生物学 470 植物学	4	5	519 環境 500 技術・工学
150 倫理学 160 宗教	1	2	210 日本史	330 経済 360 社会	3	3	360 社会 366 職業本	480 動物学	4	4	490 医学・薬学
610 農業 650 林業 670 商業	6	8	830 英語 840～ その他の言語	910 日本文学	9	9	916 手記・ルポ	920 中国文学 930 英米文学	9		古典文学全集
	6	8	810 日本語	911 詩歌	9	9	914.6 エッセイ	930 英米文学	9		
720 絵画 750 工芸 760 音楽	7	7	790 趣味・娯楽	913.6 国内小説 A-I	9	9	913.6 国内小説 T-Y	940 ドイツ文学	9		修学旅行関係の本
	7	7	770 演劇 780 スポーツ	913.6 国内小説 K-M	9	9	913.6 国内小説 N-S	950 フランス文学 960～ その他の文学	9		

14

▲書棚の配列図

リサーチノートブックの活用

52ページの「本について学ぼう」は、図書館オリエンテーションの内容をコンパクトにまとめた冊子の中の数ページです。こうした冊子は学校図書館からの指導コンテンツ集として提案し、「リサーチノートブック」と名付けています。各冊子は、テーマごとに1冊にまとめてあるので、どれも短時間で集中して学ぶことができます。

司書教諭・学校司書が提供する指導や支援は見えにくい場合が多々あります。しかし、冊子にして提供することで可視化でき、それらを展示、利用することで、「学校図書館は何が学べるところか」、誰の目にもわかりやすく知らせることができます。

さらに、冊子になっていることで次の学習活動への見通しも明確になり、最終的に学習を振り返る活動にも利用できます。

「リサーチノートブック」は、①探究のプロセスに従って課題解決をするための冊子と、②情報メディア（本、新聞、インターネット）の特性を学ぶための冊子とに分けられ、教師と生徒に提供しています。

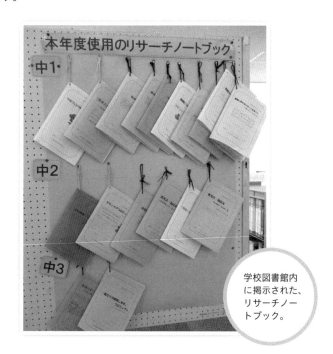

学校図書館内に掲示された、リサーチノートブック。

冊子の作成

リサーチノートブックのタイトル

中1
- 本について学ぼう
- みらいのおしごと
- 思考力を鍛えよう
- 自分を知ろう
- ラインスタンプを作ろう
- 新聞を作ろう
- りんかい地区がキャンパス

中2
- 百科事典について学ぼう
- 鎌倉旅行プロジェクト
- テディベアプロジェクト
- 意見文・論証文を書こう

中3
- 情報分析のスキルワーク
- 「私たちが提案します」プロジェクト

探究する授業に支援・協働する

事例
2

中2 歴史

「問いをつくる」ための支援をしよう
戦国武将を徹底解明する授業

　問いを立てるためにも情報が必要です。図書は、課題解決のための資料として使うだけでなく、生徒の興味・関心を広げ、豊かな問いを生成するためにも使用します。

　あわせて、課題解決のために情報を集め、情報を取捨選択し、整理・統合する力も育成します。

1 到達目標：テーマに基づいて、グループで問いを設定できる
　　　　　　目的に応じて、必要な情報を収集、整理・統合できる
2 学年・科目：中学 2 年生・社会（歴史）
3 単元名・時間：「戦国武将を徹底解明」・8 時間配当

❶ 授業ができるまで

教師

> 戦国武将をグループ別で調べさせ、発表させたいのですが、本を用意してもらっていいですか？

> 了解です。公共図書館からも取り寄せますね。

司書教諭・
学校司書

> それから、情報カードを使わせてください。

〜〜〜〜〜〜〜 数日後 〜〜〜〜〜〜〜

> 先生が希望していた武将の資料は、今時点で1、2冊しかなく少なすぎます。明智光秀などの武将なら資料が揃えられますが、どうしますか？

> 同時期に活躍した武将でやりたかったのですが、提案の武将でお願いします。それから、ワークシートを作成しました。見てください。

> すごい！　探究のプロセスが分かっていいですね。

〜〜〜〜〜〜〜 数日後 〜〜〜〜〜〜〜

> 本が揃いましたよ。調べるためだけでなく、時間をとってゆっくり本を読む時間を設定してはどうでしょう。戦国武将たちのイメージが広がり、「問い」が豊かになると思います。考えてみてください。

> 考えてみます。

〜〜〜〜〜〜〜 数日後 〜〜〜〜〜〜〜

> 提案されたように、1時間じっくり本を読む時間を設定しました。

❷ 生徒の学び

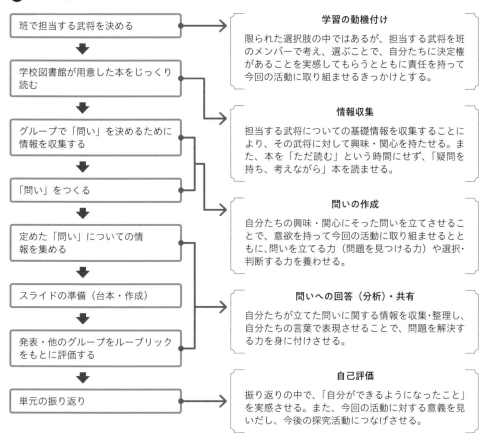

生徒の学びの流れ	指導のねらい
班で担当する武将を決める	**学習の動機付け** 限られた選択肢の中ではあるが、担当する武将を班のメンバーで考え、選ぶことで、自分たちに決定権があることを実感してもらうとともに責任を持って今回の活動に取り組ませるきっかけとする。
学校図書館が用意した本をじっくり読む	
グループで「問い」を決めるために情報を収集する	**情報収集** 担当する武将についての基礎情報を収集することにより、その武将に対して興味・関心を持たせる。また、本を「ただ読む」という時間にせず、「疑問を持ち、考えながら」本を読ませる。
「問い」をつくる	**問いの作成** 自分たちの興味・関心にそった問いを立てさせることで、意欲を持って今回の活動に取り組ませるとともに、問いを立てる力（問題を見つける力）や選択・判断する力を養わせる。
定めた「問い」についての情報を集める	
スライドの準備（台本・作成）	**問いへの回答（分析）・共有** 自分たちが立てた問いに関する情報を収集・整理し、自分たちの言葉で表現させることで、問題を解決する力を身に付けさせる。
発表・他のグループをルーブリックをもとに評価する	
単元の振り返り	**自己評価** 振り返りの中で、「自分ができるようになったこと」を実感させる。また、今回の活動に対する意義を見いだし、今後の探究活動につなげさせる。

❸ 学校図書館からの協力・提供

- 図書の別置
- 情報カードの提供
- 公共図書館から団体貸出の利用
- 学校図書館での授業場所の調整

団体貸出の本は、公共図書館の本だと分かるよう、表紙に図書館名のカードを貼付します。本は武将ごとに分けて、探しやすいようにタグを立て、ブックトラックに並べます。こうすると教室で行う時にも便利です。

使用したワークシート「戦国武将を徹底解明」

「戦国武将を徹底解明」

Q 学習を始める前に…
〈学習の目標〉
1. 自分が自信をもって、説明できる分野をつくる
2. テーマに基づいて、グループで問いを設定する
3. 目的に応じて、必要な情報を、収集・整理・統合する

〈学習の流れ〉
1. 問いの種類を知る
2. テーマ（人物）を選ぶ
3. テーマに関する情報を収集する
4. テーマに関してマンダラートを用いて情報を整理する
5. テーマに関する問いを立てる
6. 問いを選択する
7. 問いを選択するための「小さな問い」をたくさんつくる
8. 情報を統合する
9. 台本を作成する
10. スライドを作成する
11. みんなの前で発表する
12. 振り返りをする

〈学習の目標〉
・情報カード　5枚以上
・相互評価（フォームにて提出してもらいます）
・自己評価（フォームにて提出してもらいます）

〈成績のつけ方〉
個人
・情報カードが5枚以上しっかり書けているか
・相互評価シートを全班分提出しているかどうか、およびその内容
・自己評価シートを提出しているかどうか、およびその内容
・期限を守ることができているかどうか

グループ
・ルーブリックに基づいて評価された相互評価シートの平均

> 作成したワークシートのはじめには、探究のプロセスが書かれている。

> 定めた「問い」に関する情報を情報カードで収集・整理し、プレゼンテーション用のスライドを作成し、発表します。

> Googleフォームを使用しました。

> 教師が作成したワークと、学校図書館が提供した情報収集のためのカード。

図書用の情報カード

＜調べる項目＞				年　組　氏名
＜要約・引用(書き写し)＞どちらかに○をする				
＜わからない言葉＞				
参考文献	分類記号	図書記号		巻冊番号
著者名		書名		
出版社		発行年	P.　　〜 P.	

インターネット用の情報カード

＜調べる項目＞			年　組　氏名
＜要約・引用(書き写し)＞			
＜わからない言葉＞			
参考ホームページ	ページ名		
制作者		閲覧年月日	年　月　日
URL			

発表のためのルーブリック（60ページ参照）。なお、プレゼンテーションは、Googleスライドを使って資料を編集して行った。

11. みんなの前で発表する

評価の観点	3	2	1
表現力	聞き手が理解できるような、すばらしい工夫がある。	聞き手を意識し、聞こえやすい声を心がけている。	ずっと原稿を見ており、声も聞こえにくい。
時間	定められた発表時間が守られている。	定められた発表時間がだいたい守られている。	定められた発表時間が守られていない。
内容	問いへの答えがリサーチをもとに、十分説得力のあるものになっている。	問いへの答えが示されている。	問いへの答えがあいまいなものがある。
チームワーク	メンバーそれぞれが独自の役割を果たし、一体感がある。	メンバーがそれぞれに役割を持っているが、その役割を果たせていない人がいる。	互いに協力ができておらず、役割を持っている人が偏っている。または、内容がかみあっていない。
スライド①（体裁）	適切な文字の量、色、大きさ、複数の図・絵を提示している。	文字や図・絵に対して、聞き手がわかりやすくなるよう意識しているが、やや不十分である。	文字ばかりで、図・絵がほとんど使用されていない。
スライド②（参考文献）	信頼のある参考文献を提示するなど、確かな情報をもとに発表の内容が伝わりやすくなる工夫をしている。	参考文献を載せているが、信頼のある情報源とは言えないものがある。	参考文献を載せていないなど、確かな情報をもとに発表されておらず、内容が伝わりにくい。

12. 振り返りをする

自分たちなりの回答をグループ毎に発表し、共有し、フィードバックをもらうことで、新たな「問い」が生まれる。

教師の声

　探究活動を行うと、いつも学校司書の「生徒は集めた情報を捨てることができない」という言葉を思い出します。多くの情報がある中で、適切な情報を集め、組み合わせることは生徒にとって非常に難しい作業なのでしょう。生徒は、必要のない情報までも大切にし、発表をする際にも取り入れてしまうため、結局、何が言いたいのかよく分からない内容になることもあります。

　そこで、「戦国武将を徹底解明」の授業を進めていくにあたり、私は情報カードを取り入れることにしました。情報カードは自分が必要だと思う情報だけを書き出すカードで、また参考文献を書く欄もあるので、必要に応じて再びその文献にあたることができる仕組みになっています。生徒は情報カードを見直した後に、まと

め作業に入ったことで、情報を取捨選択することができたように見えました。

　探究活動は、問いをつくり、情報を取捨選択する力を養うことができます。そのような力は、膨大な情報に囲まれている生徒には大変重要な力になってくるのではないでしょうか。しかし、探究活動は時間がかかるため、カリキュラム上あまり多く取り入れることができません。だからこそ、他の授業で、情報カードの書き方やGoogleスライドの使い方のレクチャー、グループワークを進めるためのクラスの雰囲気づくりなどを進めてもらえると、歴史の授業では探究活動の時間に集中することができます。探究活動は他の授業や先生方の協力なくしては進めていくことはできないと感じています。

（西田久美子）

中3 国語

「批判的に情報を評価する」ための支援をしよう

報道文を比較して読む授業

　新聞をはじめとするニュース情報は、ただ受け取るだけでなく、発信者側の意図や背景にあるものを見極め、主体的に取捨選択することが求められます。

　同じ出来事を伝える新聞記事を比較して整理することで、メディアによって発信される情報について批判的に分析して読み解き、評価する力を身につけます。

1 到達目標：新聞社によって発信されたニュース情報を主体的に読み解けるようになる
2 学年・科目：中学3年生・現代文
3 単元名・時間：「情報社会を生きる　報道文を比較して読もう」（光村図書『国語3』）・4時間配当

---

❶ 授業ができるまで

教師

> 現代文の授業で、メディア・リテラシーについて学んだところなんですが、実際に新聞記事の読み比べをさせたいと思っています。

> 読み比べなら、論調の異なる2紙の1面を比較したり、特定のテーマで違う新聞社の記事を比較するといいかもしれないですね。いくつか準備しましょうか？

司書教諭・
学校司書

> これから新聞記事を探そうと思っていたので、助かります！
> 地元の新聞以外も読めるんですか？

> 新聞紙の定期購読は地元のものだけですが、データベースもありますし、公共図書館から複写の取り寄せもできますよ！
> 比較した後は、何かにまとめますか？

> ワークシートを作ろうと思っているのですが、
> どんな形にするか、まだ迷っていて…。

> それなら、ベン図という思考ツールを使ってみてはどうでしょう？

> これなら、グループで理解を共有しながら共通点や相違点を比較できますね。
> A3サイズに大きく印刷しようかなあ？

> ベン図を模造紙に大きく書くのはどうですか？
> 模造紙のほかに、付箋やマジックも貸し出すことができますよ。

> 模造紙でやってみます！　でも生徒たち、新聞なんて普段ほとんど読まないかも。1面の読み比べなんてできるかな…。難しい用語や、理解できない内容も出てきますよね。

オンライン辞書を併用して読ませるのはどうですか？ 「ジャパンナレッジSchool」を全員で使えます。国語辞典以外に『現代用語の基礎知識』の最新版が入っているので、ニュースで使われる用語も調べられます。

いいですね！ 読み比べをする前に、生徒に「ジャパンナレッジSchool」を使ってみるよう、呼びかけてみます。

使い方がわからなかったら、いつでもお手伝いに行きます！

❷ 生徒の学び

1時間目
新聞について知る。見出しで記事の順位付けを行い、発信者の擬似体験をする。ルーブリックを確認する

学習の動機付け

新聞の特徴や読み方を理解させる。発信者によって情報の取捨選択が行われていることを理解させる。到達目標を確認させる。

2時間目
グループと、担当の新聞記事（2紙の1面、または複数紙から同一テーマの記事2点）の確認。個人で担当の新聞記事を読み、書かれている情報の要素を抽出し、付箋に書き出す

情報の収集

グループに指定の新聞記事を割り当てる。新聞記事ごとに使う付箋の色を変え、視覚的にわかりやすくする。

3時間目
個人の付箋を持ち寄り、グループで共有する。模造紙上のベン図に共通点・相違点に分けて付箋を貼り、記事の内容を整理していく（同じ内容のもの・似ている内容のものはひとつにまとめる）。ベン図による比較をもとに、自分が「購読したいと思う新聞」を1紙決め、ワークシートに理由を書く

共有・整理・まとめ

書かれている内容のみではなく、書かれていない内容についても着目させる。発信者によってメディアの内容や表現の仕方、視点の置き方などが異なることを理解させる。
最終的に、メディアによって発信された情報の信ぴょう性を主体的に判断できるように促す。

4時間目
ルーブリックをもとに自己評価

自己評価

自らの到達度を振り返らせるとともに、読み比べをするなかでの気づきや学んだことを言語化させる。

❸ 学校図書館からの協力・提供

- 新聞記事（紙・データベース・公共図書館から複写の取り寄せ）
- 思考ツール（ベン図）
- アクティブ・ラーニング用の道具類（模造紙、付箋、マジックほか）
- 「ジャパンナレッジSchool」（辞書・事典類のオンラインデータベース）
- データベースの使い方等のサポート
- ルーブリック（教師と司書教諭・学校司書が協働で作成）

使用したルーブリック

　学校図書館を活用する授業において、その都度、課題ルーブリックを授業担当の教師と司書教諭・学校司書が協働して作成し、授業の開始時に生徒へ提示しています。

　例えば、評価の観点（到達目標）としてあげた「情報の整理・分析」についての評価基準は、授業担当の教師と司書教諭・学校司書が次のように練り上げていったものです。

 教師 ルーブリックをつくってみたよ。確認してみて。

 司書教諭・学校司書 ベン図での分析はグループで行うから、メンバーが同じ評価になってしまいますね。

 たしかに、個人の評価がしにくいね。分析の後に個人でメモにまとめる予定なんだけど。

 それなら、「ベン図で分析ができる・できない」と「個人でまとめられる・まとめられない」を組み合わせたルーブリックができそうですね。

 「ベン図で分析でき、個人でメモにまとめられる」「ベン図で分析でき、個人のメモが不十分」「ベン図で分析できない」の、ABC 3段階で評価しよう。

　評価の基準はABCの3段階にしていますが、学校によりSABCDの5段階にしたり、1〜10の数字の10段階で示したりする場合もあります。

観点		説明	評価の基準		
			A	B	C
評価の観点	情報の整理・分析	思考ツールを活用して集めた情報を分析することができる。	ベン図を活用して、読み比べた新聞記事の共通点と相違点を可視化して分析し、個人でメモにまとめることができる。	ベン図を活用して、読み比べた新聞記事の共通点と相違点を可視化して分析したが、個人でのメモへのまとめが不十分である。	ベン図を活用して、読み比べた新聞記事の共通点と相違点を可視化して分析することができない。
	批判的思考力	情報の信ぴょう性を主体的に判断することができる。	どこに信ぴょう性を見出したか主体的に判断し、その判断を理由とともに書くことができ、最終的に自分が購読したい新聞を選ぶことができる。	どこに信ぴょう性を見出したか主体的に判断したが、その判断の理由を十分に書くことができず、最終的に自分が購読したい新聞を選ぶことができる。	どこに信ぴょう性を見出したか主体的に判断できず、理由を十分に書くことができない。最終的に自分が購読したい新聞を選ぶこともできない。

ルーブリックとは？

複数人で学びのものさしを決めよう

　「『ルーブリック』とは、学習活動における具体的な到達目標（観点）と、その達成水準・基準（尺度）を一覧表の形式に整理したもので、これを用いて評価する手法のこと」で、レポートやプレゼンテーションなど、既習の知識やスキルを統合して取り組む「パフォーマンス課題」に向いていると言われる評価ツールです。

　司書教諭・学校司書は授業を担当する教師と協働してルーブリックの作成を検討したり、授業計画時にルーブリックを共有したりすることで、授業のねらいを理解し、適切な支援を行うことができます。

そのほかの意義

● 生徒と教師が授業の方向性や目標を共有することで、生徒の主体的な学習を促進する。
● 生徒が自己評価と教師からの評価の差異を把握し、自分の学習を振り返る。
● 複数人数で行う学習評価の質を、ある程度一定に保つ。

グループで情報を整理しているようす。

この授業ではアナログツール（模造紙・付箋）を使っていますが、1人1台の端末とネットワーク環境が整備された環境では、デジタルツールにチャレンジすることもおすすめです。デジタル付箋やデジタルホワイトボード＊を使った意見の整理・共有をしてみましょう。

＊デジタルホワイトボードツールとしては、「FigJam」「Lucidspark」「Miro」などがあります。いずれもタブレットなどの端末の画面上で簡単に付箋を作ったり並べ替えたりすることができ、生徒同士でその画面の動きをリアルタイムで共有することができます。無償で使えるものもあるので、生徒同士のコラボレーションを促進する道具としてさまざまなデジタルツールを試しておくと便利です。

▲オンライン辞書を使って、調べたことをまとめる生徒。

▲紙の辞書とオンライン辞書を併用し、違いや特徴を知る授業。

　各新聞社による報道は、動画ニュースサイトやSNS・アプリ等によるニュース配信に移行しており、紙媒体の新聞の発行部数や購読世帯数は年々減少しています。そのような状況で、新聞を読み慣れていない生徒も増えています。そこで、この授業ではオンライン辞書を活用して語句調べを行いながら報道文を読んでいきました。

　ここでは、さまざまな辞書・事典類の本文を一括検索し、閲覧できるオンラインデータベース「ジャパンナレッジSchool」を活用していますが、インターネットが使える環境であれば、例えば「コトバンク」「英辞郎 on the WEB」等の無料のオンライン辞書を活用させることも考えられます。

　司書教諭・学校司書は、ティームティーチング（TT）で授業に参画し、百科事典や国語辞典といった参考図書の種類を伝えたり、データベースによる情報検索をサポートしたりします。

高1 保健

「自分事として考える」ための支援をしよう

がん患者が暮らしやすい社会を考える授業

　生徒が学習テーマに対して、自分とかけ離れていることであった場合、どのような工夫をすれば「自分事」として考えられるでしょうか？　体験談を読んだり、当事者の話を聴いたりすることをきっかけに、気になることを調べ、考えを深めます。

1 到達目標：がん患者への理解と共生を考える
2 学年・科目：高校1年生・保健
3 単元名・時間：生活習慣病とその予防・5時間配当

---

❶ 授業ができるまで

教師

今年も、がん経験者の講演会があります。講演会だと聴くだけで終わってしまうので、何か自分たちで調べたり、考えたりできるといいと思っています。

好きに調べさせると、情報の信頼性も気になります。がんに関する知識のところは、授業でやるのですか？

司書教諭・学校司書

知識の部分は、授業で教える予定です。探究で取り組んでいるSDGsとつなげて、「どんな社会にしていくべきか」といった大きな問いを、それぞれに考えさせようかと思っています。

若い世代の体験談を読ませるのはどうでしょうか？自分と近い年齢の子が、がんとどう向き合っているのかを知ると、「自分事」に考えやすくなるのでは？後は、患者に関わる家族や医師・看護師といった人たちの視点から書かれた文章を読むと、多角的に考えるヒントにもなるかもしれません。

資料の候補を出してもらってもいいですか？最後は、考えたことを文章にさせたいのだけれど、何文字くらいがいいでしょう？

資料はお任せください。授業内で文章を書かせた他教科の実践があるので、それを参考にしますか？　合わせて後で持っていきますね。

～～～～～～ 数日後 ～～～～～～

候補にいただいた資料で、若い世代の体験談の一部と、患者に関わる医師が書かれた新聞記事を読ませようと思うのですが、どうですか？

いいと思います。患者を支えるという視点も入れて、生徒が資料を自分で探せるように、プリントを作りますね。授業内で私が10分程度話せる時間をいただけますか？

プリント、お願いします。
情報収集を始める時間に教室に来て、説明してもらえますか？

もちろんです。
関連資料もブックトラックに載せて持っていきます。

❷ 生徒の学び

1時間目
がんの正しい知識を得る（講義）

2時間目
がん患者に関する資料を読み、「がん患者が暮らしやすい社会」に関連した問い出しと、情報収集をする

がん経験者による講演会

3時間目
がん患者が暮らしやすい社会について、その意見を述べる視点を見つけるために、収集した情報を整理する

4時間目
「がん患者が暮らしやすい社会とは」をテーマに意見文を作成（800字程度）

5時間目
意見文の共有、まとめ

学習の動機付け

若い世代のがん患者に関する資料（新聞記事や図書の一部）を読み、自ら問いを出すことで身近な問題として考えるきっかけにする。

情報収集

新聞記事検索データベースや参考図書を提示し、ネットだけではなく、さまざまな信頼性の高い情報源からの情報収集をする。

整理と意見文の執筆

集めた情報を整理しながら、がん患者を取り巻く社会とはどんなものなのか視点を見つけ、自分の意見を述べる。

自己評価と共有

ルーブリックをもとに自分の意見文を評価し、他の人の意見文を読んで考えを深める。

生徒が学校図書館で調べているようす。

❸ 学校図書館からの協力・提供

- 動機付けの資料の提案
- ブックリストの作成
- リンク集の作成
- 図書の別置
- 情報カード
- 過去の学習成果物例の紹介（意見文）

「自分事として考える」ための支援をしよう　がん患者が暮らしやすい社会を考える授業

信頼性の高い情報を収集する手助け

　生徒が課題を「自分事」として考えるのに、体験談はいちばん心を揺さぶられ、関心を持つのではないかと思いました。この授業では、体験者本人の話を聴く機会に恵まれていたので、直接生徒が質問をしたり、そうしたやりとりができるような授業展開を教師と考えました。

　他教科の探究の取り組みや、生徒の調べるスキルがどれくらいあるのかを把握しているのも、学校図書館の強みです。

調べ方のポイントを伝える

　情報収集をするタイミングで、司書教諭から10分程度、調べ方のポイントを説明しました。

　学校図書館独自のサイトから、データベースにアクセスできること、関連のリンク集、OPACと連携するブックリストがあることなどを伝え、全員でアクセスしました。

　続いて、調べるためのキーワードを提示し、それに関する複数社の新聞記事を紹介しました。これらは、生徒が自分でデータベースを利用して、検索できるようにしました。

　学校図書館が提示した記事を読むだけでも、課題に取り組むことができるので、授業内で情報収集の時間が十分に取れなかったとしても、生徒の学びが充実するようにしました。

学校図書館独自のサイト

　信頼のおける、がんに関する情報が得られるサイトや、がん患者をサポートする団体のサイトなどのリンク集を作成しています。

　これらの情報は、司書教諭（学校司書）が公共図書館や区役所などに置いてある、がんに関するパンフレットや、がん教育に関する情報などを収集し、そこで紹介されているサイトや団体などをみて、生徒が情報収集の際に役立ちそうなものを選択してリンクを設置しました（37ページ参照）。また、がんに関する図書や闘病記などのブックリストもつくり、OPACとリンクしました。

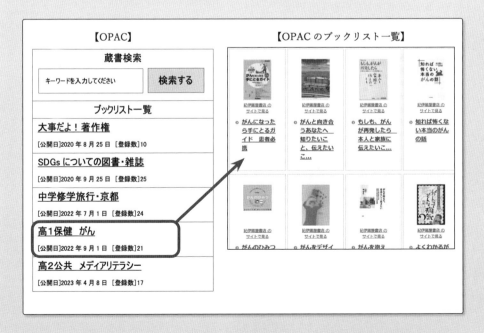

【調べるときのポイント】

　　　　　　　調べるための「キーワード」が、複数ないか考える
　　　　　　　「ジャパンナレッジ School」など事典データベースを活用しよう
　　　　　　　　例）がん患者　　ＡＹＡ世代　がん対策基本法　・・・

ルーブリック

	E	D	C	B	A
情報を活用する力	情報を収集していない。	与えられた資料から情報を収集している。	与えられた資料以外に、自分で情報を収集している。	複数の情報源を用いて、情報を収集している。	複数の情報源を用いて、信頼性の高い情報を収集している。

【テーマ別おすすめ新聞記事】まずはここにある記事から読んでみよう

“ＡＹＡ”
・朝日新聞　朝刊　2021年2月2日　19面
「（がんとともに）インタビュー：2　ＡＹＡ世代がつながる場を　患者会つくった看護師、樋口麻衣子さん」

・読売新聞　大阪夕刊　2022年3月5日　9面
「若年がん　出産信じて　ＡＹＡ世代　治療前の卵子凍結　希望に　国が助成創設」

・毎日新聞　朝刊　2021年3月8日　1面
「高校生がん患者：高校生がん患者、1割退学　国立センター調査　6割、休学経験」

> 考える手がかりとなる新聞記事をいくつか紹介。

患者を支えるとは？
・朝日新聞　朝刊　2019年4月22日　17面
「（いま子どもたちは）がんを語る：2　母が発病、接し方知りたかった」

・朝日新聞　夕刊　2022年9月3日　7面
「（がんとともに）「C」を消して、がん治したい　ＳＮＳ投稿で治療研究に寄付」

【整理してみよう】

がん患者にかかわる人たちにはどんな人がいるだろうか？
がん患者が暮らしやすい社会（制度）になっているのだろうか？

家族

友人

（がん患者）

医療関係者

制度

AYA世代…15歳から29歳（国により39歳）くらいの思春期から若年成人層。特に医学で用いる。アヤ世代。

中3 公民+総合

「根拠ある考察をする」ための支援をしよう
時事問題をスピーチする授業

　社会にある出来事から自分でテーマを決めて、そのテーマから「問い＝論題」を設定し、事実やデータに裏付けられた理由（根拠）を示しながら、「問い」に対する自分の考えを述べます。

1 到達目標：根拠を示して、自分の意見を述べることができる
2 学年・科目：中学３年生・公民＋総合的な学習の時間
3 単元名・時間：１年間（総合11時間、発表は社会の時間を使う。そのほかは各自で進める）

❶ 授業ができるまで

教 師

　時間が余ったので、時事スピーチを行うことにしました。
　生徒が資料探しに来たらよろしくお願いします。

　承知しました。

司書教諭・
学校司書

〜〜〜〜〜〜 ４か月後 〜〜〜〜〜〜

　中３の時事スピーチ、お疲れ様でした。

　ありがとうございます。本当に疲れました。
　じつは、ほぼ同じ内容のものが２つ出てきたんです。
　この授業はこれでいいのか、目標を失いました。

　きっと、Webサイトの引き写しですね。本を使う生徒が極端に減りましたから。単なる引き写しができない授業にしないといけませんね。私にもお手伝いさせていただけないでしょうか。

　うれしいです。一人でどうしようかと思っていたところです。

〜〜〜〜〜〜 １年後 〜〜〜〜〜〜

　提案があります。これまでのやり方を変えてみませんか。事実やデータに裏付けられた理由を示して、自分の意見を述べるようにしたらどうでしょう。結論を他人に預けるような意見はダメだとしましょう。
　結論に至るまでのプロセスを、段階を踏んで指導できると思います。

　いいですね。協力が得られるのならやってみたいです。

❷ 生徒の学び

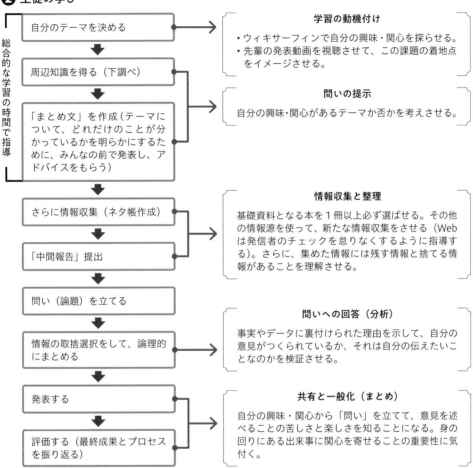

総合的な学習の時間で指導

| 自分のテーマを決める |
| 周辺知識を得る（下調べ） |
| 「まとめ文」を作成（テーマについて、どれだけのことが分かっているかを明らかにするために、みんなの前で発表し、アドバイスをもらう） |
| さらに情報収集（ネタ帳作成） |
| 「中間報告」提出 |
| 問い（論題）を立てる |
| 情報の取捨選択をして、論理的にまとめる |
| 発表する |
| 評価する（最終成果とプロセスを振り返る） |

学習の動機付け
・ウィキサーフィンで自分の興味・関心を探らせる。
・先輩の発表動画を視聴させて、この課題の着地点をイメージさせる。

問いの提示
自分の興味・関心があるテーマか否かを考えさせる。

情報収集と整理
基礎資料となる本を1冊以上必ず選ばせる。その他の情報源を使って、新たな情報収集をさせる（Webは発信者のチェックを怠りなくするように指導する）。さらに、集めた情報には残す情報と捨てる情報があることを理解させる。

問いへの回答（分析）
事実やデータに裏付けられた理由を示して、自分の意見がつくられているか、それは自分の伝えたいことなのかを検証させる。

共有と一般化（まとめ）
自分の興味・関心から「問い」を立てて、意見を述べることの苦しさと楽しさを知ることになる。身の回りにある出来事に関心を寄せることの重要性に気付く。

❸ 学校図書館からの協力・提供

● 授業アイデアの提供
● 総合的な学習の時間で使用する教材の作成と指導（授業担当）
● すべてのプロセスで使用するプリントの作成
● 生徒が立てた「問い（論題）」と「中間報告」のチェック
● 資料提供、資料相談

生徒が立てた問い（抜粋）

● リアル書店は必要か
● 女子校はなくなってもよいか
● 不登校は悪いことなのか
● 日本で盲導犬の利用が広まらないのはなぜか
● ジェネリック医薬品は普及されるべきか
● 低価格衣類の裏には何が隠れているのか
● 小中高すべての学校に、昼寝の時間を導入するべきか

● スマホに費やす時間で私たちは何を失ってしまうのか
● 女性活躍と言われることは、女性を苦しめることにならないのか
● 日本では死刑制度をなくし、終身刑を最も重い刑罰とすべきか

事例 5 「根拠ある考察をする」ための支援をしよう 時事問題をスピーチする授業

使用したワークシート「中間報告」

> 下調べから始めて、さまざまな情報を集めたところで、「わかったこと」「人に伝えたいこと」を書き出してもらいます。

中 3/時事問題スピーチ 2021_中間報告

中学3年 <u>桜</u> 組 <u>5</u> 番 名前 <u>ゆさ ゆさこ</u>

見本　　　　中間報告

　学び方で下調べをして、さらに夏休みにネタ帳作りをしました。この段階で一度提出して、先生からアドバイスをもらいました。その後、各自でさらに調査を進めましたよね⁉

　現時点で、あなたの中にあること、うっすらと見えていることを書き出してください。「こんなことがわかった！」「このことは他の人に伝えたい！」「私はこんなことを考えたよ！」などなど、あなたの頭の中にあることを言語化してください。

（箇条書きでもまとまった文章でも、どちらでも OK）

テーマ　<u>日本の奨学金制度</u>

> 書き方は、まとまった文章でも、箇条書きでもかまいません。

・ 大学生の半数が奨学金を利用している。その多くが貸与型（返す義務がある）である。つまり、借金しているのと同じなのだ。

・ 大学を卒業して社会人になっても、非正規雇用（期間を限定し、短期間での契約を結ぶ雇用形態）の人が増えている。給料が安くて、返せない。正規雇用であっても、ボーナスが出ない、給料が上がらないなどで、返せない。返したくても、返せない人がいる。

・ 日本の高等教育における個人負担の割合は、65.5％。OECDの平均は、30.8％。日本は、高等教育に公費をあまり出していない。

使っている資料(使う予定の資料でも OK)を記入してください。
たくさんある方は、主要文献のみ記入してください。

著 者 名	書 名	出版社(発行所)	出版年
大内 裕和	奨学金が日本を滅ぼす	朝日新聞出版	2017
今野 晴貴	ブラック奨学金	文藝春秋	2017
	週刊アエラ「10年経っても返せない」	朝日新聞出版	2019年6月24日号

※信頼できる資料を必ず手に入れてください。
Web 上の PDF ファイル資料を主な参考文献として使いたい方はご相談ください。

> 使った参考文献も記入します。

使用したワークシート
「問いの発想」から問いを立てる

> 左ページの中間報告を「他者に伝えたいこと」だと仮定して、そのことが言える「問い」を考えてもらいます。

C

探究する授業に支援・協働する

見本

中3/時事問題スピーチ2021_問いを立てる

中学3年 桜 組 5 番　名前　ゆさ　ゆさこ

中間報告をもとに、「問い」を立てましょう。その際、

中間報告を「言いたいこと」に見立てて、それが言える「問い」を考えてみてください。

【問いの発想】

考えた「問い」を書き出しましょう。

正解も不正解もありません。

原因や理由を尋ねる
Whyの問い

・なぜ、日本の奨学金は、貸与型が多いのか？
・大学生は なぜ 奨学金を借りないといけないのか？

自分のテーマ
日本の奨学金制度

YesまたはNoで
答えられる問い

・奨学金制度は、このままで良いのか？
・給付型の奨学金を増やすことは、可能か？

方法・状態を尋ねる
Howの問い

・日本の奨学金制度には、どのような問題があるのか？
・奨学金を返せないと、どんな影響があるのか？

> 「Whyの問い」「YesまたはNoで答えられる問い」「Howの問い」を足がかりにして、「問い」を出してもらいます。

「問い」を立てる

書き出した「問い」の中で、「これならできそう！」と思う候補を記入しましょう。

・　日本の奨学金制度は、このままで良いのか？
・　日本の奨学金制度には、どのような問題があるのか？

> 「問い」の形は異なりますが、言いたいことは同じという「問い」でもかまいません。「問い」を立てられることが大事です。

高1 英語

「英語で表現する」ための支援をしよう
アートの魅力を言葉にする授業

　海外研修の内容と関連付け、自分がひかれたアート作品の魅力を英語でプレゼンテーションします。鑑賞の過程では、じっくりとアート作品に向き合う時間や、クラスメイトとの対話を通して自分の考えを深める内省の時間を重視しました。

1 到達目標：アート作品を鑑賞し、作品や生徒同士の対話を通して自分だけのものの見方があることに気付く
　　　　　　同じ単語や文構造を繰り返すことなく、同義語や言い換えなどを使った豊かな表現で英語のプレゼンテーションを行う
2 学年・科目：高校1年生・英語コミュニケーション
3 単元名・時間：「CLIL D Symbolism in art」（Cambridge Experience I）・8時間配当

---

❶ 授業ができるまで

教師

高1の最後に行く海外研修は、アート思考を学ぶことがコンセプトなんです。1年間を通して、海外研修につながっていくような英語の授業にしたいと思っています。

ほとんどの生徒が初めての海外ですよね。現地でも美術館に行くようだけど、学校内でもアート鑑賞をしてみるのはどうでしょう。ちょうど、美術の授業でも「対話型鑑賞」を実践しているので、それを英語の授業にも取り入れるとか…。

司書教諭・
学校司書

いいですね。
でも、校外に出て美術館まで行くのはちょっと時間が足りないなあ…。

世界中の美術館のコレクションを細部まで鑑賞できるアプリがありますよ。

えっ、すごい。有名な美術作品を間近で鑑賞している気分になりますね。

時代背景や、専門家の解釈が掲載された書籍も準備できますよ。

うーん。知識にはあまりとらわれてほしくないんですよね。
生徒自身の直感的な気付きや解釈を大事にしてほしくて。

たしかに知識は後からでいいですよね。まずは自分の感じたことを大事にしたい。
いろいろな解釈が生まれそうなアート作品をピックアップしておきましょうか？

いいんですか？　それなら、自分なりのアートの解釈を生徒同士が対話することで、共有して考えを深められるような時間をつくりたいです。

それは盛り上がりますね。ルーブリックにもその内容を盛り込みましょう！

～～～～～～～～ 授業の途中 ～～～～～～～～

> 授業、とてもうまくいっています。最後は学校図書館内で発表会をさせてください。でも、他のクラスが少し早く進んでしまっていて…。最後の授業の時間が余ってしまいそうなんです。

> 国立近代美術館のカードゲームで、短いアクティビティをするのはどうですか？例えば自分が選んだカードのアート作品にタイトルをつけるとか。

> こんなカードゲームも学校図書館にあったんですね。借りていきます！

❷ 生徒の学び

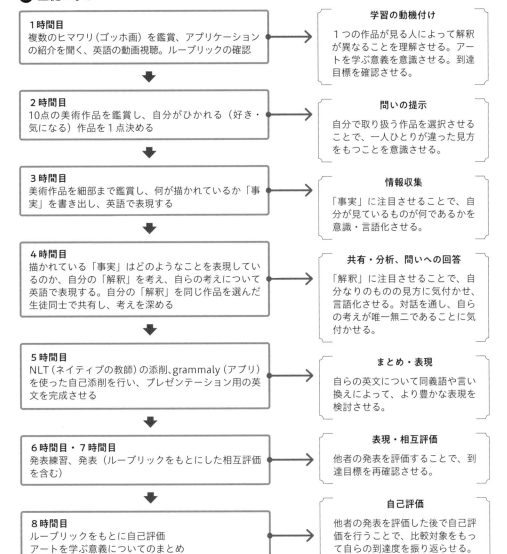

1時間目
複数のヒマワリ（ゴッホ画）を鑑賞、アプリケーションの紹介を聞く、英語の動画視聴。ルーブリックの確認

学習の動機付け
1つの作品が見る人によって解釈が異なることを理解させる。アートを学ぶ意義を意識させる。到達目標を確認させる。

2時間目
10点の美術作品を鑑賞し、自分がひかれる（好き・気になる）作品を1点決める

問いの提示
自分で取り扱う作品を選択させることで、一人ひとりが違った見方をもつことを意識させる。

3時間目
美術作品を細部まで鑑賞し、何が描かれているか「事実」を書き出し、英語で表現する

情報収集
「事実」に注目させることで、自分が見ているものが何であるかを意識・言語化させる。

4時間目
描かれている「事実」はどのようなことを表現しているのか、自分の「解釈」を考え、自らの考えについて英語で表現する。自分の「解釈」を同じ作品を選んだ生徒同士で共有し、考えを深める

共有・分析、問いへの回答
「解釈」に注目させることで、自分なりのものの見方に気付かせ、言語化させる。対話を通し、自らの考えが唯一無二であることに気付かせる。

5時間目
NLT（ネイティブの教師）の添削、grammaly（アプリ）を使った自己添削を行い、プレゼンテーション用の英文を完成させる

まとめ・表現
自らの英文について同義語や言い換えによって、より豊かな表現を検討させる。

6時間目・7時間目
発表練習、発表（ルーブリックをもとにした相互評価を含む）

表現・相互評価
他者の発表を評価することで、到達目標を再確認させる。

8時間目
ルーブリックをもとに自己評価
アートを学ぶ意義についてのまとめ

自己評価
他者の発表を評価した後で自己評価を行うことで、比較対象をもって自らの到達度を振り返らせる。

❸ 学校図書館からの協力・提供

- ●「Google Arts & Culture」の紹介
- ●図書（画集等）の別置
- ●美術作品リンク集の作成
- ●ルーブリック（教師と司書教諭・学校司書が協働で作成）
- ●鑑賞教材「国立美術館アートカード・セット」の紹介

> 絵画作品10点を選定したリンク集。

2020_探究SL高1コミュ英_Artworks

No	title	year	artist		museum		URL
1	Gleaners	1857	ジャン・フランソワ・ミレー	フランス	Musée d'Orsay		https://artsandculture.google.com/asset/gleaners/GgHsT2RumWxbtw?hl=ja
2	Gassed	1918	ジョン・シンガー・サージェント	イギリス	Imperial War Museums		https://artsandculture.google.com/asset/gassed-john-singer-sargent/2AHwiYWpCD8WQw?hl=ja
3	The Starry Night	1889	フィンセント・ファン・ゴッホ	アメリカ	MoMA The Museum of Modern Art		https://artsandculture.google.com/asset/the-starry-night-vincent-van-gogh/bgEuwDxeI93-Pg?hl=ja

　「Google Arts & Culture」は、世界中の文化遺産を紹介することを目的としたWebサービス（アプリケーション）です。2000を超えるミュージアムのデジタルアーカイブ*と提携しており、オンラインで検索すれば、芸術作品を高画質で鑑賞することができます。

　学校図書館では、教師と事前に相談し、「Google Arts & Culture」の中から授業意図にそった鑑賞に適している絵画作品を10点選定し、Googleスプレッドシートにまとめ、学校独自の美術作品リンク集を作成しました。それをGoogle Classroomへ投稿し、授業を行う教師、生徒と共有しました。

　美術作品リンク集では、各絵画作品のタイトル・作者・制作年・所蔵されているミュージアム等をまとめ、所蔵先のミュージアムが公開しているデジタルアーカイブへのリンクを設置しています。

＊デジタルアーカイブ…図書館や美術館・博物館などの所蔵品・所蔵資料などあらゆる知的資源を、デジタル化しデータベースとして公開しているもの。絵画作品であれば、細部まで拡大して観察することができる。

対話型鑑賞

　アート作品を複数の人で細部まで観察し、自分の考えを言葉で他者に伝え、他の人の意見を聞き、さらに想像力を働かせるといった、対話により作品を鑑賞するプログラム。洞察力をみがき、創造性を養うなどの効果が期待され、現在では美術館だけでなく、教育・ビジネス・科学や医療などの分野でも用いられています。

英語科教師と協働で制作したワークシート

STEP 1

What is happening in the picture? / What makes you say that?
絵で何が起きてますか？ ／ そう思ったのはどこを見てですか？

WHAT IS HAPPENING IN THE PICTURE?	WHAT MAKES YOU SAY THAT?
Where is this place?	Where did you see?
When is it?	Where did you see?
Who are the characters?	Where did you see?
What is the story?	Where did you see?

便利な表現集①

【場面の描写表現】

There is[are]… ~.	~には…がある。
This picture depicts (that) SV…	この絵はSがVするのを描いている。
This picture shows (that) SV…	この絵はSがVするのを表している。
The picture is composed of three parts.	この絵は3つの部分で構成されている。
	※数字は適度に変更する
In this picture, the character is -ing…	この絵の中で、その人物は~している。

【場所を表す前置詞句】

next to A	Aの隣に
near A	Aの近くに
in front of A	Aの前に
behind A	Aの後ろに
in the foreground	前景には
in the background	背景には
in the upper part [at the top]	上部には、上の部分には
in the lower part [at the bottom]	下部には、下の方には
on the left-hand side [on the left]	左手には、左には
on the right-hand side [on the right]	右手には、右には
in the central part	中央には、中心には
in the middle	真ん中には

【絵の印象を語る表現】

The painting is vivid [happy, expressive].
その絵画は鮮やかだ［楽しそうだ、表現豊かだ］。

The picture makes me feel sad [happy] because S V…
S がVするのでその絵は私を悲しく［幸せに］する。

The picture inspires me to think about A.
その絵は私にAについて考えさせる。

【作者の意図を語る表現】

The artist uses A to express B.
作者はBを表現するためにAを使っている。

The artist wants to criticize [express](that) S V…
作者は S がVすることを批判［表現］したいのだ。

It is obvious that the artist wants to criticize / express A.
作者がAを批判［表現］したいのは明らかだ。

STEP 2

Share your idea with classmates. After that, review your opinion.
クラスメイトと解釈をシェアしよう。聞いたことで新しい視点は得られましたか。

_____'s interpretation:

Your response:

_____'s interpretation:

Your response:

_____'s interpretation:

Your response:

便利な表現集②

【自分の意見を言う表現】

I think [believe] that S V…	私はSがVすると思う［信じている］。
It seems [appears] to me that S V…	私にはSがVするように思える［見える］。
In my opinion, S V…	私の意見では、SがVする…。
That is why S V…	だからSがVするのだ。
S symbolize(s) O	SはOを象徴している。
S symbolize(s) (that) S' V'…	SはS'がV'することを象徴している。

STEP 3

Make your script for the presentation. Use your STEP1 and STEP2 writing.
台本作りをしよう。STEP1とSTEP2の情報を使おう。

教師の声

学校図書館と協働で授業を行う＝「本を利用する」ではなく、書籍のほかにもアプリケーション・Webサイト・カードゲームなど、提供されるツールがさまざまであることに驚きました。また、同じ教科ではない人と授業を練っていくプロセスは、授業の目標・目的を明確化させる上で非常に有効であったと考えます。これは授業を実施する段階でも生徒によい効果をもたらしており、生徒が英語というひとつの教科の枠におさまることなく学ぶようになったと感じます。この後、アート鑑賞第2弾も行い、年度末の学校行事（研修旅行）につなげることで、1年間を見通したカリキュラム設計ができました。

（濱中貴道）

高2 公共

「新しい授業づくり」に挑戦する教師を支援しよう
自分の意見をつくって発信する授業

　　修学旅行での事前学習とも関連した単元で、「沖縄米軍基地問題」について考え、意見文を作成します。ルーブリックをもとに生徒同士でフィードバックを行い、校正し、任意で新聞に投書しました。

　1 到達目標：日本の安全保障政策の変遷と現状を理解し、沖縄の米軍基地から日本が抱える課題を明らかにし、自分の意見を形成する
　2 学年・科目：高校2年生・公共
　3 単元名・時間：沖縄からみた日本の安全保障・6時間配当

- -

❶ 授業ができるまで

教師

> 自分の授業をもっと探究的な学びにできないか、悩んでしまって…。授業時間も限られているなか、どうしたらいいものか…。

> 「概念型カリキュラム」っていうのをご存じですか？『思考する教室をつくる概念型カリキュラムの理論と実践　不確実な時代を生き抜く力』という本が参考になるのではないかと思うのですが、どうでしょう？

司書教諭・学校司書

> 知らないです。読んでみます。

～～～～～～～～～ 数日後 ～～～～～～～～～

> すすめていただいた本を参考に、今回の単元は考えてみようと思うんです。けれどもちょっと悩んでいて、相談したいのですがいいですか？

> もちろんです！

～～～～～～ 一緒に単元の授業展開を練る ～～～～～～

▶担当教師は単元で何をつかませたいか、どんな知識・スキルを身に付けさせたいか、どんな思考をさせたいか…、を考えて授業設計をします。
▶司書教諭・学校司書は教師の授業設計を聞き、生徒の様子を想像しながら不明瞭な点を指摘したり、どんな活動をするとよいかなどアイデアを伝えます。このやりとりを何回か繰り返して授業案ができます。

> この前、高3の生徒の投書が新聞に掲載されたという話を学年から教えてもらいました。最後のアウトプットの課題をどうしようかということなんですが、新聞に投書するのはどうでしょうか？

> まあ、すごい！　先輩が投書しているというのは励みになりますね。でも、そもそも生徒たちは新聞を読まないから、投書といってもピンとこないのでは？

だからこそ、これを機会に新聞の役割も合わせて伝えて、各社の投稿記事を読ませてはどうでしょう？ 他校の国語の実践ですが、新聞に投書しようというのがありましたよ。

 １学期にもメディアリテラシーで新聞のことにふれたし、復習を兼ねて導入に使ってみようと思います。
あと、２学期にやった哲学対話をまたやりたいと生徒が言っていて、今回もやってみようと思うのですが、どうでしょうか？

 哲学対話、いいですね。ぜひ学校図書館を使ってください。問いづくりの段階で話すより、ある程度、情報収集した後のほうが対話にスムーズに入れるのではないですか？

 そうですね。では、いつものように調べる資料もお願いしていいですか？

 もちろんです。情報カードも用意しましょうか？

 お願いします。あとで全体のスケジュールをメールで送りますね。

❷ 生徒の学び

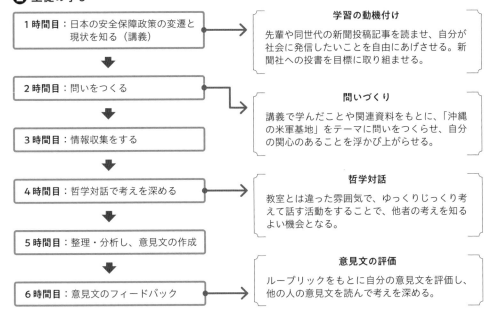

| 1時間目：日本の安全保障政策の変遷と現状を知る（講義） | **学習の動機付け**
先輩や同世代の新聞投稿記事を読ませ、自分が社会に発信したいことを自由にあげさせる。新聞社への投書を目標に取り組ませる。 |

2時間目：問いをつくる

問いづくり
講義で学んだことや関連資料をもとに、「沖縄の米軍基地」をテーマに問いをつくらせ、自分の関心のあることを浮かび上がらせる。

3時間目：情報収集をする

4時間目：哲学対話で考えを深める

哲学対話
教室とは違った雰囲気で、ゆっくりじっくり考えて話す活動をすることで、他者の考えを知るよい機会となる。

5時間目：整理・分析し、意見文の作成

意見文の評価
ルーブリックをもとに自分の意見文を評価し、他の人の意見文を読んで考えを深める。

6時間目：意見文のフィードバック

❸ 学校図書館からの協力・提供

- ●動機付けの資料の提案
- ●ブックリストの作成
- ●リンク集の作成
- ●図書の別置
- ●情報カード
- ●哲学対話…場の提供
- ●授業の流れを教師と一緒に考える

教師と一緒に授業をつくる

きっかけ

　一緒に授業設計に挑戦するようになったのは、司書教諭がPBL（Project Based Learning）や探究学習について情報収集しているときに出会った1冊の本『思考する教室をつくる概念型カリキュラムの理論と実践　不確実な時代を生き抜く力』を担当教師に紹介したことからでした。担当教師は、教科の授業をもっと探究的な学びにしたい、知識を教えるだけでなく、より高次の思考を促すのにはどうしたらよいかという問題意識を持っていました。

一緒に授業をつくる

　2人で本を読み込み、どうしてもわからないところはこの本の訳者に直接メールするなどして、まさに「探究」し、試行錯誤しながら授業設計をしていきました。司書教諭は、授業設計から授業実施、振り返りまでを伴走するかたちで関わっていきました。実際の授業では、必要に応じて資料を用意したり、場所を準備したり、生徒のレファレンスにも対応しました。

　単元で何を大事にしているのかを教師と司書教諭が共通して持っていることで、資料準備から生徒のレファレンス対応まで、その質はだいぶ変わっていきます。また、蔵書構成を考えるヒントになったり、他の教科ともつなぐきっかけを見つけることにもなりました。

協働する強み

　新しい授業に挑戦しようとするとき、教師は「うまくいくだろうか」と、どこかに不安を抱えていることがあります。そのようなときに、一緒に考える人がいるというのは心強いでしょう。もちろん、教科指導の部分では同じ教科の教師が強力な助っ人になることはありますが、学校図書館だからこそ、教科の見方とは違うアプローチで授業アイデアが生まれることもあります。

　また、生徒の学習の様子を一緒に見ることができるので、授業後の振り返りや、次への手立ての相談もできます。

哲学対話

　「哲学対話」とは、あるひとつのテーマや問いをきっかけに、みんなで対話し、考えを深めるものです。哲学者の考えや知識を持っている必要はありません。ポイントは、個々人がお互いの考えをよく聞き、深く考えることです。哲学対話のやり方で特徴的な点は、まるく円になって座り、コミュニケーションボール（毛糸で作った玉などやわらかくつかみやすいもの）を持っている人が発言します。けれども、みんなで丸くなって談笑するようなものとは違います。

　授業では、クラスの半分の生徒が対話をし、残りの生徒は周りでその様子を聞いて、「どんな意見が出ていたか」を記録するというスタイルをとっています。教師も生徒の円の中に入って、問いかけたり、話の整理をしたりはしますが、まとめたりはしません。そして時間がきたら終わります。

　普段過ごす教室とは違った雰囲気をつくれる学校図書館は、哲学対話をするのにふさわしい場所です。非日常のなかで、みんなで輪になって、ゆっくりじっくり対話できる空間の演出や、対話が終わったあとも考え続けたい人のために、関連本をそっと展示しておくことができるのも司書教諭・学校司書がいるからこその支援です。

「沖縄からみた日本の安全保障」

"私たちの声を伝えよう！沖縄米軍基地問題"

①沖縄の米軍基地をめぐる現状を知る。
沖縄の米軍基地は沖縄の何に、どのような影響を与えているのか？

②沖縄の米軍基地をテーマに問いをつくる。
沖縄の米軍基地の何が課題なのか？

③情報を収集する。
何が、その課題を生み出しているのか？

④哲学対話をする。

⑤情報を整理・分析する。

⑥意見文を作って発信。

ここ大事！ ●社会の課題を明らかにする　●発信する責任

▲単元の最初に授業の流れを提示する。

意見文フィードバック

　この単元のルーブリックは、「思考」と「表現」の2つの観点でつくりました。
　生徒はこのルーブリックを参考に、お互いの意見文を読み合い、コメントしました。そして、もらったコメントをもとに、さらに自分の意見文をブラッシュアップしました。

	S （すばらしい）	A （よくできている）	B （あと一歩）	C （改善を要する）
思考	沖縄の米軍基地をめぐる現状を、日本社会の課題と関連付けて、説明できる。また、課題の担当者として、解決に向けて提案している。	沖縄の米軍基地をめぐる現状を、日本社会の課題と関連付けて、説明できる。	沖縄の米軍基地をめぐる現状を、説明できる。	沖縄の米軍基地をめぐる現状を、説明できない。
表現	理由を示して、自分の意見を主張した文章を作成している。さらに、読み手が関心を持つような言葉を選んだり、文章を構成したりしている。	理由を示して、自分の意見を主張した文章を作成している。	理由を示して、文章を作成している。	誤字・脱字が多い。明確な理由なしに、文章を作成している。

中2 家庭

司書教諭の専門知識を活用しよう

物語の構造を知り、幼児絵本をつくる授業

　幼児の心身の発達を知り、幼児の遊び道具（絵本）の制作を通して、幼児の遊びの意義について理解する家庭科の授業です。

　司書教諭がもつ教科専門性（この事例は国語科）を他の教科に組み込むこともできます。

1 到達目標：幼児の成長に適した絵本とはどのようなものなのかを考察する
2 学年・科目：中学2年生・技術家庭科（家庭科分野）
3 単元名・時間：幼児の生活と遊び・8時間配当

----

❶ 授業ができるまで

教師

以前、物語には構造があるってお話されてましたよね。詳しく教えてください。

司書教諭

物語には必ず何かが起こるための「発端」があって、場面が大きく変わる「クライマックス（転換点）」があって、その後「結末」「終わり」へと進んでいくってことで、典型的なのは昔話です。桃太郎を例にすると…。

なるほど。構造を意識して、お話を創作させるといいかもしれませんね。お願いがあります。構造の話を生徒にしてくださいませんか。これは家庭科の枠を越えていると思うんです。

わかりました。協力します。

～～～～ 数年後 ～～～～

これまでの生徒の作品を見ると、幼児絵本の創作のはずが、思春期の内面を絵本という表現形式で描いたとしか思えないものがありますね。私としてはとても気になります。

そうなんですよ。一生懸命つくっているので、ダメとは言いづらくて…。

0歳と絵本、1歳と絵本…と、年齢別に発達の違いと絵本の関係を細かく伝えましょうか。乳幼児のための絵本をつくるのだと、念押ししましょう。

それはいいですね。お願いします。

❷ 生徒の学び

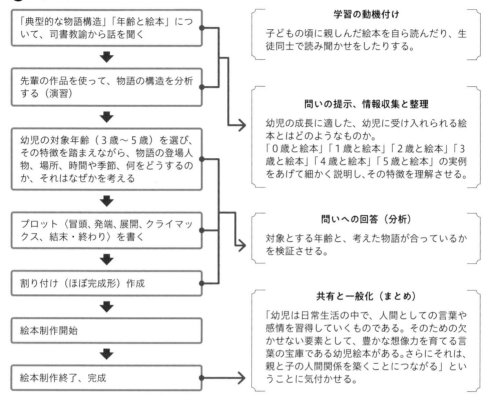

「典型的な物語構造」「年齢と絵本」について、司書教諭から話を聞く

↓

先輩の作品を使って、物語の構造を分析する（演習）

↓

幼児の対象年齢（3歳〜5歳）を選び、その特徴を踏まえながら、物語の登場人物、場所、時間や季節、何をどうするのか、それはなぜかを考える

↓

プロット〈冒頭、発端、展開、クライマックス、結末・終わり〉を書く

↓

割り付け（ほぼ完成形）作成

↓

絵本制作開始

↓

絵本制作終了、完成

学習の動機付け

子どもの頃に親しんだ絵本を自ら読んだり、生徒同士で読み聞かせをしたりする。

問いの提示、情報収集と整理

幼児の成長に適した、幼児に受け入れられる絵本とはどのようなものか。
「0歳と絵本」「1歳と絵本」「2歳と絵本」「3歳と絵本」「4歳と絵本」「5歳と絵本」の実例をあげて細かく説明し、その特徴を理解させる。

問いへの回答（分析）

対象とする年齢と、考えた物語が合っているかを検証させる。

共有と一般化（まとめ）

「幼児は日常生活の中で、人間としての言葉や感情を習得していくものである。そのための欠かせない要素として、豊かな想像力を育てる言葉の宝庫である幼児絵本がある。さらにそれは、親と子の人間関係を築くことにつながる」ということに気付かせる。

❸ 学校図書館からの協力・提供

● 幼児絵本の提供
● 「物語構造」「年齢と絵本」に関する説明のためのプリントの提供と説明
● 割り付けのためのプリントの提供
● 生徒が作った物語のチェック

教師と司書教諭の声

担当（家庭科）教師
　「物語の構造の話」や「なぜ幼児絵本では繰り返しが多いのか」など、家庭科教師だけでは思いつかないアイデアをいただいて、より考えさせる授業になっていくのを実感しています。司書教諭に相談すると、何かしら出てきます。ドラえもんのポケットみたいです。

司書教諭
　ある国語の研究会に参加して「構造読み」という読み方があることを知りました。物語を「冒頭―発端―山場のはじまり―クライマックス―結末・終わり」の順に読み取っていくというものです。これは物語を作る際にも使えると思いました。そこで、家庭科の先生に提案しました。加えて、日頃生徒たちが読んでいる小説にも構造があることを意識させたいという気持ちもありました。

事例
8
司書教諭の専門知識を活用しよう　物語の構造を知り、幼児絵本をつくる授業

使用したワークシート「構想メモ」

> 5W1Hを使って、物語の要素を書き出してもらいます。

オリジナルの物語をつくろう

注意：既存作品のまねをしないこと。参考にするのは良い。

対象：3歳から5歳の幼児　作品：物語絵本

構想メモ①：5W1H

だれが？ （登場するヒト、モノ…？）	それはどこ？（舞台） （家の中？公園？原っぱ？川、海、山、デパート、ロボットの中、宇宙、現実にはない世界などなど、自由に設定して）	それはいつ？ （季節？朝昼夕夜？未来・過去？　現在？）

何が、	どうなるの？	なぜ、そうなるの？ （そうなるには、そうなる理由があるよね。）

ココ重要！
物語には、実際に言葉にしないけれど、みんなが納得する理由（隠れた根拠）があります。それを明らかにしてください。

構想メモ②：プロット（物語のおおまかなあらすじ）

①冒頭	
②発端	
③展開	
④クライマックス（物語の転換点）	
⑤結末・終わり	

あなたの物語を「ひとこと」で言うと、どんなお話？

> 物語の概略を典型的な物語構造にそって書き出してもらいます。

C

探究する授業に支援・協働する

使用したワークシート「年齢と絵本」

> 縦書きか横書きかで、本の開き方が異なります。

左開き(横書き文字)にするか、
右開き(縦書き文字)にするか、
決めましょう。

↓右開き

左開き→

12　　　13　　　　13　　　12

―――――――――――――――――――――――――――――

0歳と絵本:感覚を刺激してくれる絵本
　「じゃあじゃあ」「かんかんかん」「わんわん」などの音の響き(読み手の声)をじっと聴いて、自分なりの心地よさを楽しんでいるのではないかと言われている。

1歳と絵本:感情をあわらしてくれる絵本 (「おいしい」「ママだいすき」など)
　二本足で立ちあがることができるようになる、言葉らしいものを発するようになる。しかし、まだまだ上手にできないことだらけ。「話がしたい!」という感情にあふれている。

2歳と絵本:注意をひく、夢中にさせる絵本
　やってきました「イヤイヤ期」。自分でやりたい気持ちも芽生え、できる事も増えてくる。

3歳と絵本:空想の世界の入り口に立つ絵本 (例えば『てぶくろ』『わたしのワンピース』)
　絵本の中の世界にしっかりと没頭できるようになる。友だちや家族との関係性が生まれ、自分と相手が同時に見えるようになる。視野が広がる。

4歳と絵本:感情をていねいに描いた絵本
　身体も心も急成長する。急に大人っぽい発言をしたかと思えば、急にぐずりだしたりする。自分の中に芽生える色々な気持ちをもてあます時期。

5歳と絵本:絵本の世界をより深く味わえる絵本
　自分の周りにいる友だちや家族のことをよく見ている。感情を伝える言葉も使えるようになるので、物語や絵に込められたメッセージを受け取ることができるようになる。

> 授業でひととおりの説明は受けているのですが、あらためて年齢と絵本の関係を記しておきます。

事例
9

高3 総合

学校司書発案のプロジェクトをつくろう

「読みのプロジェクト」を行う授業

　深い探究をするためには、読書は欠かせない活動です。自立した読み手になるために、自分で本を選び、自分で読書の環境をつくり、読書を通して交流し、読書が好きになる活動を計画しました。

　学校図書館も資料を提供するだけでなく、もっと読解力をつけることにも積極的に関わっていきましょう。

1 到達目標：自立した読み手になる
2 学年・科目：高校3年生・プロジェクト（総合的な探究の時間）
3 単元名・時間：読みのプロジェクト・6時間配当

- -

❶ 授業ができるまで

教師

> 高3の1学期にプロジェクトの授業を考えているのですが、生徒全員が同じ活動をするのではなく、生徒自身が学びたいものを選択できるようにしたいのです。

> おもしろそうですね。

学校司書

> その選択の中に「本を読むコース」を設けたいのですが、一緒にやってもらえますか。

> もちろんです。生徒がただ自分の読みたい本をずっと読むのではなく、生徒が自立した読み手になるための、本を使ったワークショップをやったらどうでしょうか。これからも役立つスキルだと思います。「読み解く」ことは、すべての学びにとって重要なスキルですよね。

> 6時間あるんですが、大丈夫ですか。

> はい、過去に本校で実施した読みのプロジェクトや、私がこんなことがやれたらいいなあと思ってつくったプロジェクトがあります。それらは学校図書館が作成した「ミニレッスン」という1枚のプリントを使ってできるものもあります。

> 例えば、どんなプロジェクトですか。

> 自分の読解力にあった本を選ぶプロジェクト「ブックパス」、集中して本を読むプロジェクト「リーディング・ゾーンに入るレッスン」などです。

> 私は何をすればいいですか。

> 先生には、実際に授業を行ってもらいます。スライド等は一緒に作成しましょう。先生ならもっと分かりやすく、すてきなスライドが作成できると思います。打ち合わせを綿密にやりましょう。

❷ 生徒の学び

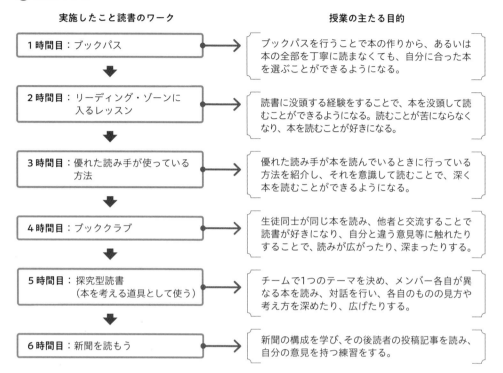

実施したこと読書のワーク | 授業の主たる目的

1時間目：ブックパス → ブックパスを行うことで本の作りから、あるいは本の全部を丁寧に読まなくても、自分に合った本を選ぶことができるようになる。

2時間目：リーディング・ゾーンに入るレッスン → 読書に没頭する経験をすることで、本を没頭して読むことができるようになる。読むことが苦にならなくなり、本を読むことが好きになる。

3時間目：優れた読み手が使っている方法 → 優れた読み手が本を読んでいるときに行っている方法を紹介し、それを意識して読むことで、深く本を読むことができるようになる。

4時間目：ブッククラブ → 生徒同士が同じ本を読み、他者と交流することで読書が好きになり、自分と違う意見等に触れたりすることで、読みが広がったり、深まったりする。

5時間目：探究型読書（本を考える道具として使う） → チームで1つのテーマを決め、メンバー各自が異なる本を読み、対話を行い、各自のものの見方や考え方を深めたり、広げたりする。

6時間目：新聞を読もう → 新聞の構成を学び、その後読者の投稿記事を読み、自分の意見を持つ練習をする。

❸ 学校図書館からの協力・提供

- 使用する図書の準備
  （絵本・集団読書テキスト・読解力レベル別の本）
- 使用するワークシートの提供
- スライドの原案を作成
- 授業を録画
- 付箋等の文具の準備

＊集団読書テキスト…全国学校図書館協議会がクラスやグループでの読書会、朝の読書用に選んだ作品を1冊ごとにまとめたシリーズ。

「読みのプロジェクト」の用語解説

ブックパス

　選書スキルを身につけるための活動です。生涯にわたって本を読み続ける読書家になるためには、自分に合った本を見つける、選書（本を選ぶ）スキルを身につけることが大切です。

リーディング・ゾーン

　読書に没頭する状態に入ることをいいます。熟練した読み手になるには、興味のある、自分のレベルに合った本を夢中になってどんどん読み、大量の読みのストックを蓄積した経験が必要です。

ブッククラブ

　特定の本をメンバーが事前に読んできて、おもしろいと思ったところや考えたこと、そして疑問に思ったことなどについて話し合う会のことです。

探究型読書

　物事を深く思考したり、自分なりの考えを組み立てたり、問題を追及し続けるための「手段としての読書」です。「本の内容を余さず理解しながら読み通すこと」を読書の目的とするのではなく、自分の思考を縦横無尽に展開させることを目的に、本を活用することです。

使用したワークシート

　本を読み慣れていない生徒は、どのように本を選べばよいのかわからず迷ってしまいます。

　授業でブックパスを取り入れ、実施することで、自分に合った本を選ぶ方法を具体的に学ぶことができます。また多くの本に接することで、読みたいと思える本を見つける方法も身に付けられます。

【ミニレッスン】自分に合った本を選ぶ方法

　本は、読む人にとって、簡単すぎる本、難しすぎる本、ちょうど自分に合った本の3種類があります。簡単すぎる本や難しすぎる本を読んでもあまり楽しくありませんし、本を読むことが好きになれません。

　優れた読み手になるためには、読むことが好きで、自分に合った本を大量に読むことが必要です。このレッスンでは、自分に合った本を選ぶ方法を学びます。

　本を手にとったら、以下の項目をチェックすると、自分に合った本を選ぶことができます。上から順番でなくてもいいし、すべてチェックしなくてもいいです。最終的に、自分なりの方法を見つけることが目標です。

□ 表紙の表と裏（タイトルとイメージの写真やイラスト）をよく見る。
□ 目次を読む。
□ あれば、本の帯を見る（学校図書館では表紙の後ろに貼ってある）。
□ 著者について読む。
□「まえがき」と「あとがき」を読む。
□ 最初の数ページを読み、スラスラ読めるか判断する。
□ 最初から最後まで斜め読みをする。
□ 文字の大きさや文字の量を判断する。
□ イラストや写真、図表などを見る。
□ 奥付を見て、発行年、重版を確認する。
　その本はよく読まれている本。
□「自分には理解できるか？」を問う。

● その本は、あなたにとって
　□ 簡単すぎる　□ 難しすぎる　□ ちょ

> ブックパスで使用したワークシート。

ブックパスのやり方

❶ 3人1グループで本のある席に座ります。

❷ 4分間でミニレッスン「自分に合った本を選ぶ方法」を参考に、手もとの本がどれかチェックします。
　□ 簡単すぎる本
　□ 難しすぎる本
　□ ちょうど自分にあった本

❸ ブックパスシートに記入します。

❹ 本を次の人に渡し、❷❸を繰り返します。

＊ 司書教諭・学校司書はレベルの違う本をそれぞれ3冊ずつ机に並べておく。

ブックパスシート

年　　組　　氏名

書名	自分に合っている度チェック			
	□簡単すぎる　□難しすぎる　□ちょうど自分に合った　本	□読みたい □読みたくない
	□簡単すぎる　□難しすぎる　□ちょうど自分に合った　本	□読みたい □読みたくない
	□簡単すぎる　□難しすぎる　□ちょうど自分に合った　本	□読みたい □読みたくない
	□簡単すぎる　□難しすぎる　□ちょうど自分に合った　本	□読みたい □読みたくない
	□簡単すぎる　□難しすぎる　□ちょうど自分に合った　本	□読みたい □読みたくない
	□簡単すぎる　□難しすぎる　□ちょうど自分に合った　本	□読みたい □読みたくない
	□簡単すぎる　□難しすぎる　□ちょうど自分に合った　本	□読みたい □読みたくない
	□簡単すぎる　□難しすぎる　□ちょうど自分に合った　本	□読みたい □読みたくない
	□簡単すぎる　□難しすぎる　□ちょうど自分に合った　本	□読みたい □読みたくない
	□簡単すぎる　□難しすぎる　□ちょうど自分に合った　本	□読みたい □読みたくない
	□簡単すぎる　□難しすぎる　□ちょうど自分に合った　本	□読みたい □読みたくない
	□簡単すぎる　□難しすぎる　□ちょうど自分に合った　本	□読みたい □読みたくない

ブックパスの感想

【ミニレッスン】リーディング・ゾーン（読書に没頭する状態）に入るということ

リーディング・ゾーンに入るためのレッスン

①自分の集中力が続く時間を決める（5分、10分、15分、20分）。

②スマホのタイマー機能を利用し、時間を設定する。

③読む本の開始ページを記入し、タイマーをセットして読み始める。

④タイマー終了後、終了ページを記入し、読んだページ数、「本に対するコメント」と「自分の読みに対するコメント」を書く。

⑤③のスタートにもどり、繰り返す。

⑥リーディング・ゾーンに入ったと自覚したら、タイマーを止めてそのまま読み進めてください。

⑦どうしてもゾーンに入り込めないときは、本を変えてください。

日付	設定時間	開始ページ	終了ページ	読んだページ数	本のコメント（上段） 自分の読みのコメント（下段）
（例）	15分	15 最初	20 中	4　1/2	・トムが猫に薬を与える部分がおもしろい。これは実際の生活に起こるのだろうか。 ・一度も中断することなく本の中に入り込めた。

記入後に横線を入れていきます。

集中して本を読むワークです。なかなか本を読む時間が取れない生徒に好評のワークです。

リーディング・ゾーンに入るレッスンに使用したプリント。

校内で置いてきぼりにされない
学校図書館を！

現在私は、図書委員会の活動の他に、教育部に所属していて、3つのプロジェクトに参加し、5つの定例の会議に参加しています。

プロジェクトは1年で終了するものと、立ち上がってからずっと継続されるもの等さまざまです。私が教師と一緒に校内のカリキュラムデザインに関わるプロジェクト等に参加するようになったのは、勤務して17年目頃で、「総合的な学習の時間」が創設された2003年からです。それまでは、ひっそり、学校図書館で、生徒や教師の来るのを待つことに終始していました。

多くのプロジェクトに参加してきて、いちばん印象に残ったものを紹介します。それは、2015年に開設された、アクティブで探究的な授業を中心に実施する高校の新クラスの開設のためのプロジェクトです。

開設までの1年間の準備期間で教師と学んだことは、私の教育に対する考えを大きく広げてくれました。生徒が安心して学ぶための環境づくりや教育が必要なことが分かりました。かたくなな私の学校図書館に対する考えを溶かしてくれたのかもしれません。

どうしてプロジェクトに参加することになったかを思い返してみると、私自身に「学校図書館を置いてきぼりにしないで！」という切実な思いがあったからです。そして可能にしたのは、少しだけ自分をPRする勇気と、少しだけ教師に提供する知識があったからではないかと思います。

参加することで私自身が気をつけていることは、以下のことです。
• 教師と一緒に学ぶという意識を持つ（知識がなくても大丈夫）
•「学校図書館」「本」と言い過ぎない
• 教師ではない学校司書だからこそ貢献できることを考える

教師と一緒に活動することは、直接学校図書館の仕事とは関係ない仕事も降りかかってくることもあるのですが、それが遠回りのようで、学校図書館の活動にプラスになると思います。

もし職場でこのようなカリキュラムプロジェクトに参加する機会があれば、ぜひ参加してもらいたいと思います。一人職場でその場から離れられない場合は、「学校図書館で会議しませんか」と、どうぞ言ってみてください。

（眞田章子）

第 5 章

D

探究の
カリキュラムを
デザインする

＊NDC（日本十進分類法）、OPAC（オンライン蔵書目録）の
解説は107ページ参照。

①

探究のカリキュラムをデザインするために

　探究を支える「場」として学校図書館を整え、資料・情報を提供し、教師との協働授業を行うなどの先に、学校全体の探究のカリキュラムを考える活動があります。学校図書館は、単発の授業支援を行うだけではなく、学校全体の支援になるよう寄与していく必要があります。

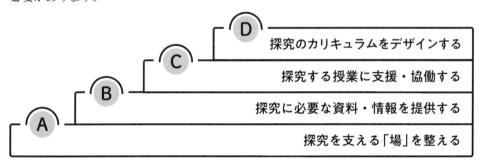

　第5章では、探究のカリキュラムのデザインに参加している学校図書館の事例について、校内組織への参加、カリキュラムの作成手順や探究プログラムなどの事例紹介をしていきます。
　その前に、学校が求められている「カリキュラム・マネジメント」の一端を担うことが学校図書館にも必要なこと、探究のカリキュラムをデザインするために、一般的に学校図書館がたどる道筋の概要について紹介しておきます。

(1)「カリキュラム・マネジメント」の一端を担う学校図書館

　学校では、教育活動の質の向上を図るために「カリキュラム・マネジメント」が求められています。学校図書館もその一端を担う必要があります。
　では、そもそも「カリキュラム・マネジメント」とは何でしょうか。中学校学習指導要領解説「総則編」に記された、「カリキュラム・マネジメント」に関する部分を紹介しましょう。そこには、「生徒や学校、地域の実態を適切に把握し、教育の目的や目標の実現に必要な教育の内容等を教科等横断的な視点で組み立てていくこと、教育課程の実施状況を評価してその改善を図っていくこと、教育課程の実施に必要な人的又は物的な体制を確保するとともにその改善を図っていくことなどを通して、教育課程に基づき組織的かつ計画的に各学校の教育活動の質の向上を図っていくこと」とされています。
　つまり、「カリキュラム・マネジメント」とは、①カリキュラムをデザインすること、②PDCAサイクルを回すこと、③人的・物的な資源を活用することであるともいえます。
　まずは、学校図書館が教育課程の実施に欠かせない人的・物的な資源であることを、学校を構成するみなさんに認識してもらいましょう。そうすることによって、探究のカリキュラムのデザインにも積極的に参加でき、学校図書館も「カリキュラム・マネジメント」の一端を担う構成員として不可欠な存在となるはずです。

（2）学校図書館が探究のカリキュラムをデザインするために

　学校図書館が探究のカリキュラムをデザインする場に参加するためには、さまざまな段階が必要です。例えば、次ページより紹介する学校では、以下のような道筋をたどっています。

①学校図書館の活動をまとめておく

　この本の前章で紹介したような形で、学校図書館活動をわかりやすくまとめることで、学校図書館がどのように関わり、何を提供したのかが、学校図書館に直接関係のない人からも見えるようになります。まずは、活動をまとめておくことが大切です。

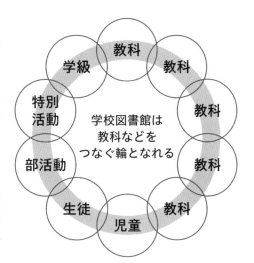

②学校図書館の役割を伝える

　学校図書館の役割を伝える場合、学校図書館は何ができるという目線で話すのではなく、児童・生徒や教師にとってどう役立つのかを強調して話しましょう。

　学校図書館は異なる学年の児童・生徒や、多様な教科の教師が等しく活用できる、ある意味、特別な空間です。学校全体の学びの展開をまとめて紹介することもできます。学校教育のすべてをつなぐ役割を果たすこともできるでしょう。学校図書館は、児童・生徒の成長や、教師の授業力の向上にも寄与できるはずです。

③学校内の組織に参加する

　学校図書館がいくら単独で頑張っても、学校全体の教育力の向上にまでつながることは困難です。学校図書館の役割を伝えて、有用性を十分に理解してもらった後は、組織の一員に入れてもらう必要があります。組織として学びを考えていく、「カリキュラム・マネジメント」の一端に学校図書館活動を加えてもらいましょう。

　どのような組織がつくられるのかは学校によって異なりますが、学校が目指す目標を達成するために、どの組織も必要な構成員により配置されています（90ページ参照）。

④探究のカリキュラムをデザインする「場」に参加する

　学校図書館が組織として探究のカリキュラムをデザインする場に参加することができたならば、これまでの活動記録から、学校全体で育成すべき資質・能力についての意見を出すことができるでしょう。多方面からの意見によって、探究のためのカリキュラムはより深く練られ、児童・生徒の学びを支えるものとなるはずです。

　なお、カリキュラムをデザインする過程には、以下のような共通する段階があります。

1　探究に必要となる、育成すべき資質・能力を抽出する（91ページ参照）
2　抽出した資質・能力をもとに探究のカリキュラムとしてデザインする（92〜101ページ参照）

探究のための校内組織に参加
デザインの手順 ①

　本書で実践を紹介している4校は、学校図書館活動が教育活動の一部として組み込まれ、探究のための校内委員会に参加しています。つまり、学校図書館がカリキュラムをデザインする組織に組み込まれています。

　ここでは、どのような形でカリキュラムをデザインする場に参加し、どのような教育活動を行っているのか校内の組織を紹介します。

校内での組織

　探究のための組織は、教科等横断的に教師が参加しているだけではなく、司書教諭・学校司書がメンバーになっています。探究に関するカリキュラムをデザインする際、学校図書館活用を円滑に進めるためには、必要だからです。

　組織の形式は、大きく分けて2つがあると考えられます。校務分掌内に探究のための部署があるタイプと、授業科目として存在しているタイプとの2つです。以下がその例です。

❶校務分掌内に探究のための部署があるタイプ
　A校の場合：「教育研究部」（中1から高3の学年各1名と、司書教諭1名）
　B校の場合：「探究部」（中1社会1名、中2理科1名、中3数学・情報から1名、
　　　　　　　高1英語1名と、学校司書1名）

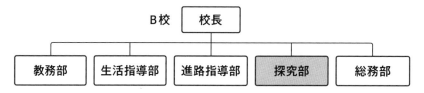

❷授業科目として存在しているタイプ
　C校の場合：中学「サイエンス科」（学年ごとに、国語・情報・体育・数学・社会・
　　　　　　　英語と、学校司書が担当）、高校「プロジェクト科」（学年ごとに、数学・
　　　　　　　社会・美術・体育・技術・英語・理科と、学校司書が担当）
　D校の場合：中高一貫「総合的探究科」（数学、国語、労作＊の各1名と、司書教諭
　　　　　　　2名）＊労作は、D校独自の科目です。

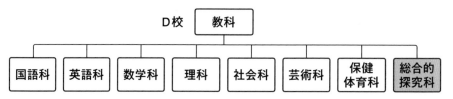

探究に必要な資質・能力の抽出
デザインの手順 ②

　探究のための組織は、探究のためのカリキュラムをどのようにデザインしていくのでしょうか。まず、どのような資質・能力を身につけてほしいのか、アイデアを出し合います。また、目標となる資質・能力を定めた後は、それらが身についたかどうかを評価するための指標（例えばルーブリック）を作成します。

　この資質・能力を定めたり、評価規準を定めたりする際に、学校図書館では「情報の収集」に必要な資質・能力はもちろんですが、これまでの学習支援から見えてきた、身につけてほしい資質・能力についても、意見を出していきます。異なる視点で児童・生徒を見ることで、多様な資質・能力を見定めることができます。

例）A校：育成すべき資質・能力の例

> **1. 自分と向き合う力**
> 　①自分の意見を形成する力、②チャレンジする力、③計画を立てる力、
> 　④やりとげる力、⑤自らを振り返る力
> **2. 人と向き合う力**
> 　⑥聴く力、⑦人を巻き込む力、⑧人とつながる力、⑨話し合う力、
> 　⑩発表する力、⑪記述する力
> **3. 課題と向き合う力**
> 　⑫課題を発見する力、⑬情報を活用する力、⑭多角的に考える力、
> 　⑮論理的に考える力、⑯創造する力、⑰社会に貢献しようとする力

　さらに、育成したい資質・能力が明確になれば、学校図書館が支援する方向性も決まります。資質・能力を取り出して、教科学習の中に埋めることも可能になります。

例）B校：汎用的な資質・能力を各教科内で育成する「探究スキルラーニング」

> 　育てたい生徒像を具体化することで、探究のカリキュラム（94ページ参照）のための基礎的な資質・能力が明らかになります。明確になった資質・能力は汎用的な力でもあるため、さまざまな教科のなかでも育成できます。そこで、これらの資質・能力を各教科内で育成する学習を「探究スキルラーニング」と呼び、学校全体で取り組んでいます。
> 　学校司書は各教科のハブとなり、「探究スキルラーニング」を運営しています。教師との相談や学習計画の打ち合わせを行い、学内共通の評価指標（ルーブリック）や授業デザインシート、フィードバックシートなどの開発や提供も行います。さらに、授業をアーカイブすることで、学びをつないでいく役割も果たしています。

探究のカリキュラムの作成
デザインの手順 ③

　育成したい資質・能力を、どのようなカリキュラムとして展開するのかを考えます。
　例えば、1年ごとに達成すべき資質・能力を決めて学習を進めることもあれば、3年間の中で繰り返し学習することで身に付けさせることもあります。多様なプロジェクトを行う中で、身に付けさせることもあります。その方針によって、1年間ではどのようなカリキュラムを展開していくべきか、について考えていきます。
　それぞれのカリキュラムは、近年では、各学校の考案するオリジナルの探究プロセスで進めることも多くなっていますが、基本的には文部科学省が示す探究の過程である「課題の設定」「情報の収集」「整理・分析」「まとめ・表現」を経ていきます（11ページ参照）。

例）A校：1年ごとに達成目標を定めた探究のカリキュラム

　A校では、6年間の探究のカリキュラムを決めています。中学3年間では、「問う」「調べる」「伝える」といったスキルを高めることを目標に、例えば中1は「モノ探究」（モノが製品になり、利用され、再利用される循環がテーマ）、中2は「ねりま探究」（テーマは、学校のある練馬のまち）、中3は「my探究」（自分でテーマを設定）を行います。「my探究」では、オリジナルの探究プロセスを用いて探究を進めます（次ページ参照）。
　高校3年間では、中学で身につけたスキルを磨きます。例えば、高1は「SDGs探究」で社会の課題を知り、実際に何かしら行動してみることを促します。そして、高2・高3は卒業研究「学びの履歴書」に取り組みます。自分の興味・関心を社会とつなげ、自身の進路についても考えを深めるような探究学習を設計しています。

6年間の探究のカリキュラム

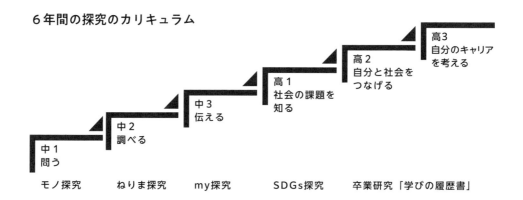

　探究のカリキュラムには、各学年の「教育研究部」員の他に学年の探究担当がいます。「教育研究部」員が中心になって各回の授業案をつくり、打ち合わせが毎週あります。
　実施内容は、学年会で担任と共有します。司書教諭は全学年の探究のカリキュラムの打ち合わせに参加しています。また、実施当日も各担任のフォローをします。

例）オリジナルの探究プロセス

中学3年生「my探究」の学習過程

　A校が行っている「my探究」とは、中学3年間の学びの集大成として取り組む探究学習です。自分で課題を設定し、さまざまな情報を活用しながら、論理的にまとめ、発表するという活動を1年かけて行います。

中学2年生3学期

　中学1・2年で取り組んだ探究学習、教科の授業などを振り返り、自分の関心のあることについて問い出しをして、図書やインターネットを使って探り、春休みを使ってレポートにまとめます。このレポートが、自分のテーマを決める下調べにあたります。

中学3年生1学期

　春休みに書いたレポートをクラス内で読み合いをして、他の人からの質問を受けるなかで、自分が探究したいテーマは何かをさらに探ります。

　この時点で、自分にはこのテーマは向かないかもしれない、これ以上関心が続かないかもしれないという場合もあり、生徒の大半がテーマを再考

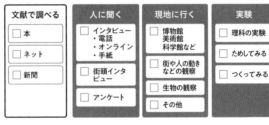

することになります。自分のテーマを決めた生徒は、より問いを洗練させて、今後のフィールドワークの計画を立てます。

教師による面談

　フィールドワークの計画を立てた頃に、教師による面談があります。担任とは違う教師が面談にあたるので、自分のことを知らない教師に、自分の探究テーマを上手に伝えられるかという難しい局面です。また、教師からの質問で、自分が本当に探究したいことは何なのかを追求するきっかけにもなります。

中学3年生2学期

　夏休みを使ってフィールドワークをし、これまでの探究をまとめる「中間報告ブック」を作成します。これは主にフィールドワークの様子を記録したレポートにあたるもので、本の形に仕上げて、文化祭で多くの人に読んでもらっています。任意で「図書館を使った調べる学習コンクール」（図書館振興財団・主催）にも応募しています。

中間発表

　「中間報告ブック」の読者からのフィードバックをもとに、自分の主張を明確にしていきます。論文の形式を学び、自分の主張を支える根拠は足りているか、どんなデータや情報が必要なのか考え、追加調査をしていきます。そして中間発表として、スライドを使って5分のプレゼンテーションをします。聞き手は、中学2年生と保護者です。

中学3年生3学期

　論文の形式で、これまでの研究の成果をまとめます。電子書籍作成サービスを使って、電子書籍化します。最後に1年間の「my探究」を時間軸で表し、そのとき自分がどんな気持ちだったかも合わせて振り返ります。

例）B校：6年間の計画として運用する探究のカリキュラム

　B校でも、6年一貫の探究（「総合的な学習（探究）の時間」）のカリキュラムを決めています。

探究の流れ

　学校図書館では、各学年の年間計画にそって適切な時期に資料提供やレファレンスを行うほか、探究活動を進めるために必要なガイドを探究部の教師と連携して行います。

　例えば、図書館の使い方、データベースなどを使った情報の調べ方、本の読み方、ポスターの作り方、効果的なプレゼンテーションや質問の仕方など、ガイドの内容は多岐にわたります。

　また、行政や博物館などの社会教育施設との窓口になり、学外の機関との連携をコーディネートすることもあります。公共図書館でのフィールドワークを行う学年もあり、その場合も学校司書が窓口となっています。

例）C校：さまざまなプロジェクトで深めていく探究の姿

①3つの教育目標の達成に向けて

　探究のカリキュラムの目標は、学年ごとに段階的に決める場合が多いようです。しかしC校では、すべての教育活動に、①学び方を学ぶ、②自分軸を確立する、③共に生きる、という3つの「身につけて欲しい資質・能力のコア（教育目標）」を設定し、その土台となる科目を設定しています。それが、中学校では「サイエンス科」（科学ではない）、高校では「プロジェクト科」という科目であり、探究を中心とした授業を実施しています。

②「総合的な学習の時間」と「道徳」の統合科目「サイエンス科」「プロジェクト科」

　「サイエンス科」は、「総合的な学習の時間」と「道徳」とを統合して、あらたな学習形態をつくっていることに特徴があります

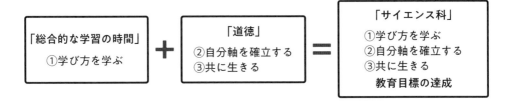

　「サイエンス科」での探究的な活動は、PBLと呼ばれる課題を解決するためのプロジェクトとして実施されます。例えば、お弁当を提案する「お弁当プロジェクト」、SDGsの課題に対してシステム思考を使って向き合う「LAST　GENERATIONS」などがあります。中3の後半には、生徒全員が「個人プロジェクト」を立ち上げ、外部の方や保護者を招待して発表会を実施します。

　このようなプロジェクトは、一般の探究的な学習と同様に①学び方を学ぶ、という目標を目指しながらも、その学習の中に②自分軸を確立する、③共に生きる、という目標を達成するための学習を随所に取り入れることに特徴があります。例えば、カードなどのツールを使って気軽に自分について語る機会を作ったり、ペアインタビューを行い、自己理解や他者理解を促進したり、チームビルディングを目標にした授業を行い、他者とうまくやっていく力を育成したりします。このような道徳的な学習活動を繰り返すことで、プロジェクトを行うための心理的安全性がつくられ、学びが深まります。

　高校の「プロジェクト科」も「サイエンス科」と同様の形で、より高度な内容で実施されます。中学は週3時間、高校は週2時間（コースにより違う）で実施しています。

③新しい科目内容の設置の理由と学校図書館の活動

　現在の形になったのは、「従来のプロジェクト中心の教育は、学び方のスキルは身につく一方で、受動的なまま学ぶだけで、生徒自身が大きく成長できていないのではないか」と考えた理由によります。現在の、総合的な学習（探究）の時間と道徳をつなぐ学びの形にすることで、ありのままの自分とつながり、他者とつながり、お互いを生かし合いながら、世界をつくっていく生徒を育成したいと考えたからです。

　学校図書館は、カリキュラムの運営に関わり、教師の研修会にも参加しています。また、授業で使用するカードを提供したり、さまざまな授業の支援を行っています。

探究のカリキュラムの実例
3年間を通したカリキュラム

　中学校の3年間を通して、探究を一貫したカリキュラムとして行っている学校があります。ここでは、その詳細な内容について、D校の例を紹介します。

例）D校：探究バックボーン・プログラム

　D校は、「総合的な学習の時間」を「学び方」と呼び、横断的・総合的な学習や探究的な学習の基盤となる、スタディ・スキル（読む・書く・話す・聞く・調べる・整理する・まとめる・伝える・考える）を身に付けることを目的とした授業展開をしており、これを「探究バックボーン・プログラム」といいます。次に、中学1年生で行っている「学び方」の授業の1年間を詳しく紹介します。通年を通して週1時間の授業です。

```
中学1年「学び方」 ＞ 中学2年「学び方」 ＞ 中学3年「学び方」
            探究バックボーン・プログラム
```

中学1年生のテーマ「女性の生き方を考える」ための年間計画

　中学1年生の年間を通してのテーマは、「女性の生き方を考える」です。1年を「前期」「後期前半」「後期後半」の3期に分け、独自に作成した教材を用いて学習を進めていきます。

　1年生の担当者は、情報、数学、国語の教師と司書教諭です。大まかな年間計画を司書教諭が立て、他の担当教師たちと共有しながら修正していきます。授業内容の詳細は、司書教諭と主担当の教師で打ち合わせを行います。

年間計画の概要

| 前期 | **8回の実施**
指導目標は、調べるために必要な初歩的なスキルを学ぶです。 |

| 後期
前半 | **5回の実施**
指導目標は、調べるとはどういうことかを理解するです。 |

| 後期
後半 | **授業16回と、その他2回の計18回の実施**
指導目標は、これまでの学習を踏まえて、一人の女性の人生を語るです。 |

中学 1 年生の「学び方」年間計画の詳細一覧
　中学 1 年生の年間授業計画による各回の具体的な内容は、以下のとおりです。

【前期】4 月～ 7 月初旬

A：司書　B：情報　C：数学　D：国語

学期		テーマ	主担当	内容
前期	1	図書館オリエンテーション　調べるためのスキル（1）	A	図書館の使い方、分類 NDC（日本十進分類法）の理解
	2	調べるためのスキル（2）	A	本のつくり―目次と索引
	3	調べるためのスキル（3）	AB	情報源（図書、参考図書、新聞、雑誌、インターネット、データベース）の種類と特性／参考文献の書き方
	4	調べるためのスキル（4）	B	データの更新、情報の鮮度を本とWebで比較する
	5	調べるためのスキル（5）	B	キーワード選別と朝日けんさくくんの使い方／説明と演習
	6	調べるためのスキル（6）	C	統計データの読み方（1）
	7	調べるためのスキル（7）	C	統計データの読み方（2）
	8	人物伝記（女性）を読む（1）	AD	人物に関する本（女性研究基本資料）を選ぶ

【後期前半】9 月～10 月初旬

後期前半	9	疑問を持つ	AD	課題文を読み、「本当か」と疑う　わからない用語を辞典・事典を使って調べる
	10	調べる（1）	ABCD	「本当か」確かめるために、資料（統計データ）を探して読む
	11	調べる（2）	ABCD	資料（統計データ）から読み取れたことをメモする
	12	情報をまとめる	D	集めた情報をひとつにして、文章化する
	13	発表する	D	発表する

【後期後半】10 月半ば～翌年 3 月初旬

後期後半	14	人物伝記（女性）を読む（2）	AD	伝記の再読　疑問を持ちながら読む
	15	女性研究（1）	C	女性研究ガイダンス（目的、今後の進め方、昨年の発表動画鑑賞など）ターニングポイント抽出、根拠の明示
	16	女性研究（2）	BC	調べられる疑問調べ、先輩女性の新しい情報を収集
	17	女性研究（3）	AC	マッピング
	18	女性研究（4）	AC	年表作成→ターニングポイントの再考
	19	女性研究（5）	CD	いちばん伝えたい事／1 行で表現
	20	女性研究（6）	AD	「○○な中学生へのアドバイス」を考える（根拠を明示）
	21	女性研究（7）	BC	発表概要を考えて、スライド下書き
	22	女性研究（8）	BC	PPT作成（1）→スライド 1（表紙）、スライド 2（表の入れ方）、スライド 4（参考文献入力）
	23	女性研究（9）	BC	PPT作成（2）
	24	女性研究（10）	BC	PPT作成（3）
	25	女性研究（11）	AD	発表原稿作成（1）
	26	女性研究（12）	AD	発表原稿作成（2）
	27	女性研究（13）	AD	発表原稿作成　原稿読み（3 分に収まるか）
	探究活動の日（終日）			リハーサルとクラス発表
	水曜日6時間目LHR			全体発表（クラスから選出された 6 名の発表を聞く）
	28	印象操作	B	情報の読み方（写真・グラフ、フェイクニュースを含む）
	29	著作権／ふりかえり	B	著作権とは／ふりかえり

【前期】の指導計画（4月～7月初旬）

　「前期」は、「図書館の利用方法」「本の並び方（分類）」「目次と索引の見方」「情報源の種類と特性」「引用と要約」「データベースの使い方」「情報の鮮度」「統計データの読み方」など、探究的な学習に必要な初歩的なスキルを扱います。

　生徒たちにとって、スキルのみを学ぶのは苦痛なので、演習を入れながら必要最低限にとどめています。下記のワークシートは、その際に提供したものです。

NDCを学ぶワークシート（102、107ページ参照）

書名が主題を的確に表している本を選びます。

自分で学んでいくためのスキル　本の分類NDCの理解

【演習1】これらの本に下記の分類記号がついているのはなぜ？

(例) ４８９：ほ乳類の本だから

音楽ってなんだろう？	760 イ	日本の歴史①	210 ジュ 1

【演習2】棚から持ってきた本の情報を記入

背ラベルの分類記号

書名	
著者名	

【演習3】　下記のことが書いてある本を探したい時、どの分類記号の本棚を見たらよいですか？

(例) のように、まず分類記号（第2区分まで）の予想をたてて、2冊分記入してください。そのあと実際に本棚に行って本を探して、書名と背ラベルを記入しましょう。

主題を生徒に書き込んでもらいます。

探したい本	予想した分類記号 （第2区分）	探した本の書名	背ラベルの 分類記号
(例) キリスト教の本	19	スヌーピーたちの聖書のはなし	193
(　　　　)の本			
(　　　　)の本			

【後期前半】の指導計画（9月～10月初旬）

　「後期前半」は、課題文から疑問の抽出、疑問を解決するための（本・データベース・Webサイトを使った）情報検索、統計データの読み取りを行い、わかったことを発表させます。「前期」に学んだことを土台としながら、「疑問を持つ」「複数の情報源を利用する」「集めた情報を整理する」「根拠を示して説明する」「わかりやすい構成を考えて伝える」といった新たなスキルを加えて、「調べるとはどういうことか」を理解させるねらいがあります。「調べる≠写す」を伝えたいのです。

　下記のワークシートは、その際に提供したものです。

疑問を調べるためのワークシート（情報源選択の手順）

「～は、本当なの？」の　裏付けとなる情報を探す

①あなたが調べる疑問「～は、本当なの？」

②どんな情報が必要ですか。

③それを手に入れるために、使う必要がある情報源はどれですか。

- □ 図書
- □ 辞典・事典（Sagasokka! など、データベースを含む）
- □ 統計データ（本、インターネット）
- □ 新聞（朝日けんさくくん、ヨミダスforスクールなど、データベースを含む）
- □ インターネット

> どの情報源を使うと、信ぴょう性の高い情報に、より早くたどり着くかを考えてもらいます。

④インターネットを使う場合、以下のことを確認してください。　**いつも確認**

- □ 制作者や運営組織がはっきりしているか。信頼できるか。
- □ 情報は古くないか。（更新日の確認）
- □ 広告が多すぎないか。（何かを宣伝する、売るなどの目的のためのサイトではないか）
- □ 引用文献、参考文献が書かれているか。

⑤選んだインターネットの評価をしてください。　←インターネットを使った人へ　**いつも評価**

インターネット	評価
【例】 内閣府男女共同参画局 「女性の教育・学びの進展」令和元年版 https://www.gender.go.jp/about_danjo/	☑信頼できる　□部分的に信頼できる □信頼できない　□わからない 《その理由》内閣府という官公庁が作ったデータだから。
	□信頼できる　□部分的に信頼できる □信頼できない　□わからない 《その理由》

> インターネットを漫然と使うのではなく、評価をして使ってもらいます。

【後期後半】の指導計画（10月半ば〜翌年3月初旬）

　「後期後半」は、これまでの学習を踏まえて、ロールモデルとなる女性の生き方を見ていきます。

　具体的には「今この女性が知りたい!!」と銘打って、科学者の猿橋勝子さんや医師の神谷美恵子さん、新聞記者の小国綾子さんら20名余の中から、各自が1名を選択。提示された基礎資料を複数回にわたって読み込み、疑問は調べ、独自の年表を作成しつつ、最も大きなターニングポイントだと思う事象を探らせていきます。そして、「なぜ、その事象をターニングポイントだと定めたのか」、根拠を示しながら言語化することを課します。最終的には、その人になりきって人生を語ってもらいます。

生徒の学び

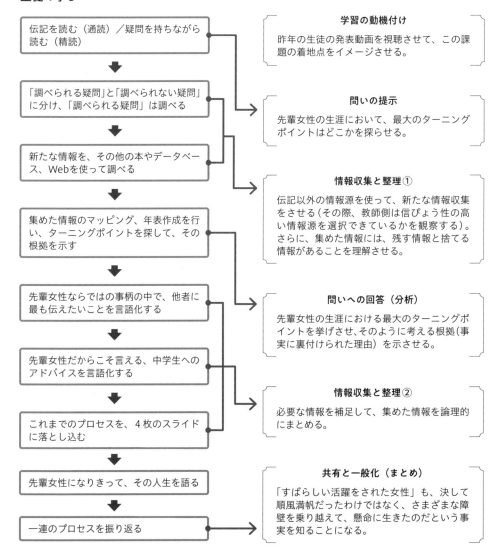

担当する先輩女性の「人生における最大のターニングポイント」を
見つけるワークシート

もう一度本を読む

通読はすでに済んでいるので、今度は付箋に疑問を出しながら再び読んでもらいます。繰り返し読むことで理解が深まります。

①疑問を持ちながら読みましょう。 **疑問を持つ練習**
浮かんだ疑問を付箋に記入し、本に貼っておきます。

なぜ？	どういうこと？	～は、何？	本当に？

②先輩女性のターニングポイント（これまでと大きく変わるところ、変わり目）だと、あなたが考える（本文中の）一か所に、付箋を貼りましょう。

生きていると、選ばなければならない場面がいくつもあります。

→

その中でも、●●●という選択をしたから、○○○につながったと考えられる、いちばん大きなポイントが**ターニングポイント**です。

③それは、いつ頃で、先輩女性は何歳でしたか。

＿＿＿＿＿＿年（頃）で＿＿＿＿＿＿歳（頃）

事実に裏付けられた理由（根拠）を書かせることで、どれだけ考えたかを測ります。

④どうして、そこをターニングポイントだと考えたのですか。
事実に裏付けられた理由（根拠という）を教えてください。
根拠を示す練習

本の記述を事実と捉える。

＿＿＿＿＿＿＿＿＿＿＿＿＿＿＿＿＿＿＿＿＿＿＿＿＿＿＿＿＿＿

＿＿＿＿＿＿＿＿＿＿＿＿＿＿＿＿＿＿＿＿＿＿＿＿＿＿＿＿＿＿

＿＿＿＿＿＿＿＿＿＿＿＿＿＿＿＿＿＿＿＿＿＿＿＿＿＿＿＿＿＿

＿＿＿＿＿＿＿＿＿＿＿＿＿＿＿＿＿＿＿＿＿＿＿＿＿＿＿＿＿＿

× なんとなく、そう思うから。
○「▲○■」により、彼女の活動が東京から地方へと広がっていったのが35歳、2021年だったから。

先生 ➡ ［　　　］

なぜ、NDCを教えるのか？

1枚のプリント教材に込めた、知識・スキル・マインド

　図書館の本の背にはラベルが貼られ、数字が書かれています。この数字は分類記号と呼ばれ、本はこの分類記号順に配列されます。この数字は配列の順序を示すと同時に、その本が扱っている主題も表しています。例えば、489という数字が背に記されていれば、その本は488と490の間に配列され、主題は「哺乳類」ということになります。このような分類は、NDC（日本十進分類法）というルールに基づいて行われます。

　図書館が所蔵するたくさんの蔵書の中から子どもが必要な本を容易に探し出せるようにするためには、この仕組みを教えることが必要です。

　本来、私たちは本を分類する場合、著者の経歴から内容を判断する手がかりを得て、「目次」から本の内容の要点を知り、「序文・あとがき・解説」から著者の意図や範囲、主題の観点を把握し、分類記号を決めていきます。しかし、これを子どもに教える必要はありません。

　授業では、「本が主題によって分類されていることと、配列」が理解できればよいので、書名が主題を的確に表している本を選んで、本を探すための教材を作っていきます。

　学校だけの学習で、一生を乗り切ることはできません。生涯にわたって学習は続きます。学校教育は、生涯にわたる学習の基礎を築くものです。それはつまり、いかなる時代になっても子ども自らが学べるようにしておくことです。そのためには、どのような手順で学習を進めたらよいか、どのような情報源を使ったらよいか、情報の内容をどうまとめたらよいかがわかっていなければなりません。

　現代は「情報はインターネットで簡単に得られる」と思われる向きがあるかもしれません。しかし、インターネット情報は、ある程度の知識を持っていてこそ使えるものです。まったく基礎知識がない状態で使うと、聞き心地のよい言葉や風潮に流され、本質を見極められず、取るべき行動を間違える可能性もあります。

　その点、本は速報性には優れていませんが、たくさんの人が関わって時間をかけて作られている分、研究や主張の完成度が高く、体系的に書かれていることが多いので、最初に使う情報源として最適です。

　ですから司書教諭・学校司書は子どもを自立した学習者に育てる一歩として、本の並び方のルールであるNDCを教えるのです。

（遊佐幸枝）

第 6 章

学校図書館が
支援できる
指導ポイント

＊この章で掲載している図表の一部はWebサイトから
ダウンロードできます。詳しくは、8ページ参照。

試行錯誤で深まる探究

探究では、どのように考えを深めているのか

　探究をしているとき、頭の中では収集した情報をもとに考察し、考察結果を評価していると考えられます。このプロセスがぐるぐると回っている状況になります。日常生活でも常に探究しているともいえます。例をあげましょう。

> 　東京の川できれいな緑色の石を拾い、「これは何だろう」と考えます（課題の設定）。
> 　まず、よく観察して（情報収集）、それはどういうものか推測しますが（考察）、観察だけではわからないため（考察・評価）、次は石の事典で調べます（情報収集）。事典によると、もしかしたら、これはヒスイかもしれない（考察）と考えます。ただし、この情報だけでは正確には判断できない（考察・評価）ので、理科の先生に話を聞くことにします。先生の話によるとヒスイは東京では拾えないという（情報収集）ので、これはヒスイではないなと判断します（考察）。事典で調べるのは限界です（考察・評価）。では、どうすればこの石の種類がわかるのかと考えて（考察）、石の博物館で学芸員さんの話を聞きます（情報収集）。そこで、もしかしてこれは…（考察）…。と、探究は続きます。
> 　そして、最終的に謎が解け、自分の考えがまとまり（まとめ）、他者にもわかりやすく説明できるようになります（表現）。

　この例の探究課題は「きれいな緑色の石の種類は何か」です。表面的には、「石を観察している」「事典を調べている」「人に話を聞いている」という行動に見えますが、頭の中では、収集した情報をもとに考察が進み、知識が更新されていることがわかります。これが、試行錯誤しているときの様子に違いありません。表面的な行動では何も進んでいないように見えるときがありますが、実際は考察が深まっているということもよくあります。

探究への支援・指導のポイント

　探究の過程は、一直線に進むわけではなく、常に試行錯誤を重ねています。そのため、文部科学省が示す探究の過程「課題の設定」「情報の収集」「整理・分析」「まとめ・表現」も、一直線に進むわけではありません。その過程のなかでは、何度も「情報収集」や「考察・評価」が繰り返されていると考えられます（11ページ参照）。
　そこで第6章では、「情報収集」や「考察・評価」の場面や、最後に考えがまとまり「表現」する場面で、学校図書館が支援できる指導のポイントを押さえていきます。

②

情報収集への支援・指導

[情報収集の基礎]（106ページ）
　情報収集の全体像の把握が必要です。
①情報源（情報メディア）の知識
②情報収集の流れ

[図書館の仕組み]（107ページ）
　図書館はどんな仕組みで情報を提供しているのかを確認する必要があります。
③NDC（日本十進分類法）の理解
④OPAC（オンライン蔵書目録）やデータベースの利用

[図書の仕組み]（107ページ）
　図書は、図書館で扱うメディアの基本です。
⑤目次と索引の活用
⑥奥付の活用
⑦引用の方法と参考文献リストの作成

[情報の活用]（109ページ）
　インターネットなどの情報検索、情報評価や情報の読み解きなど、重要事項を把握する必要があります。
⑧キーワード（言葉）と概念の理解
⑨インターネットを活用した情報検索
⑩情報の評価
⑪情報の読み解き

[その他の情報の収集方法]（111ページ）
　図書やインターネットだけが情報収集の対象ではないことを理解してもらいましょう。
⑫アンケートとインタビュー
⑬学校図書館の活用

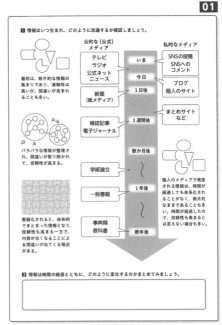

01

▲さまざまな情報がどのように生まれて、世の中に流通していくのかについて、児童・生徒はあまり気にしていないはずです。例えば、SNSと書籍や雑誌などのメディアが違うということは、生成のタイミングが異なるために、情報が断片的であるのか、体系的であるのかなどの中身が違うことを意味しています。
情報が、いかに生成されて流通していくのかを確認しておくことも重要です。

[情報収集の基礎]

① 情報源（情報メディア）の知識

　情報を集める際は、さまざまな情報源にあたる必要があります。印刷メディアからネットワーク系メディアまで、多種多様なメディアを使い分けて利用できるように支援・指導しましょう。

　印刷メディアの場合は、目次や索引などを参考に情報を探すことが必要です。ネットワーク系メディアの場合は、検索エンジンを使ったインターネット検索が主流となっています。その際、情報が本当に求めているものかという有効性や、情報の真偽を確かめる正確性などが求められます。近年ではあまり見なくなってきたパッケージ系メディアの存在にも触れておきましょう。

　さまざまなメディアの特徴と、その全体像を理解させてから、情報収集できるように支援・指導しましょう。

② 情報収集の流れ

　情報を収集する方法は多様です。集めたい情報は何か（調査しなければならない「小さな問い」：113ページ参照）を明確にしたら、検索用のキーワードとして落とし込みます。キーワードが決まれば、OPACやデータベースを駆使して探すこともできます。情報検索のプロがいる学校図書館で探せば、有益な情報が得られるでしょう。

　また、情報収集の流れを支援・指導することで、学校図書館の活用をいっそう促進することができます。

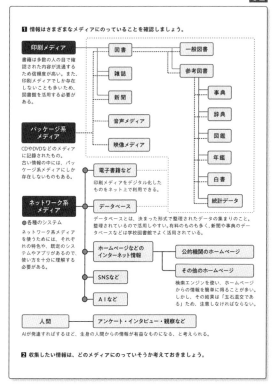

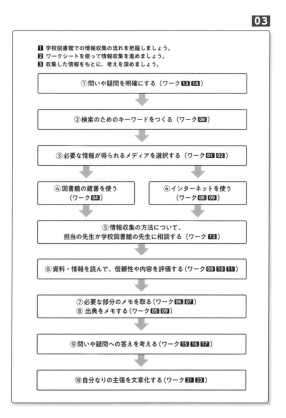

［図書館の仕組み］

③NDC（日本十進分類法）の理解（98ページ参照）

　図書館の資料は、NDCに従って並べられています。資料を探す際に必要な知識だけではなく、概念を階層的に表現しているNDCの仕組みを理解することで、自分が扱うテーマ、その概念の大きさを理解することにもつながります。テーマを決める際の参考にもなります。

　NDCの指導方法はさまざまあります。例えば、NDCをマップ化したものを活用することで、扱いたいテーマがどの分野に含まれているのかを確認できます。また、他のさまざまな分野をブラウジングすることによって、視野を広げることもできます。

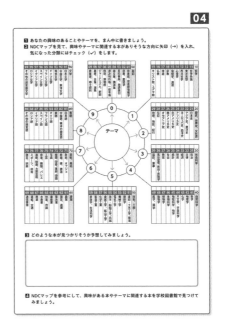

④OPAC（オンライン蔵書目録）やデータベースの利用

　図書館の蔵書検索システムであるOPACは、システムによって特徴が異なるため、その使い方を明確に提示する必要があります。データベースには無料のものもありますが、活用の際はその特徴を確認して、有益な検索ができるように準備する必要があります。学校図書館では、有料の新聞記事や百科事典のデータベースを契約することが多いようです。

［図書の仕組み］

⑤目次と索引の活用

　図書の場合、書かれている内容を確かめるためのツールとして、目次と索引が重要です。求める情報が書かれているかどうか、タイトルだけではわからない内容を、この2つの部分から確認できることを示して、支援・指導しましょう。

⑥奥付の活用

　図書の奥付では、著者や出版社、出版年を確認します。目次や索引を見て、使えそうな内容だと思っても、内容が古すぎる場合は間違った情報を得てしまうこともあります。奥付は、必ず確認するように支援・指導しましょう。

　また、「刷」表示は何回印刷されたかについて、「版」表示は内容を変更して出版されたことを示しています。参考文献を記載する際にこれらを示すことは、知識として必要です。

⑦ 引用の方法と参考文献リストの作成

1．引用の方法

　必要な情報は情報カードにメモをしておきます。そのまま写し書きをする場合（直接引用）と、全体を要約する場合（間接引用）とをしっかり区別してメモすることが大切です。写し書きと、要約する場合とで、文章を書き分けるように支援・指導しましょう。

06-1

❶ 必要な情報を写し書きしたら、参考にした資料・情報の出典もメモしましょう。

情報カード　No.　　　年　月　日

| 課題（テーマ） | 国際交流 |
| 調べること | 音楽での国際交流 |

記述内容（写し書きするときは「 」をつけて書きましょう）　写し書き　要約

「K-POPやJ-POPなど、各国独自の音楽が〇〇年代から発展し、独自のファンが存在する」「国境を超えるミュージシャンが存在し、ファンの交流も盛んである」

意見

参考にした資料	本・雑誌	書 名	音楽交流の歴史
		論文名	
		著 者	事情とおる
		出版社	MIGO出版	出版年 2023
		利用したページ	P.31 ～P.
	インターネット	タイトル・作成者	
		情報を確認した日	
		URL	
		検索キーワード	

❷ 写し書きした文章に「 」をつけて区別し、出典もわかるように文章化しましょう。

事情（2023）によると、「国境を超えるミュージシャンが存在し、ファンの交流も盛んである（P.31）」と述べている。

● **メモを参考に文章化する場合**
▶「写し書き」で情報カードをメモした場合
丸ごと写し書きした文章に「 」をつけて区別し、出典を書く。

文章例

事情（2023）によると、「国境を超えるミュージシャンが存在し、ファンの交流も盛んである（P.31）」と述べている。

07-1

❶ 必要な情報を要約したら、参考にした資料・情報の出典もメモしましょう。

情報カード　No.　　　年　月　日

| 課題（テーマ） | 国際交流 |
| 調べること | 音楽での国際交流 |

記述内容（写し書きするときは「 」をつけて書きましょう）　写し書き　要約

熱心な音楽ファンは世界中で開催されるコンサートやファン集会に参加するなど、音楽には国境はない。

意見

参考にした資料	本・雑誌	書 名	
		論文名	
		著 者	
		出版社		出版年
		利用したページ	P. ～P.
	インターネット	タイトル・作成者	音楽ファンの心理
		情報を確認した日	2023.10.31
		URL	https://www.fanjp.com/ongakupost.html
		検索キーワード	国際交流　音楽

❷ 要約してまとめた文章を利用する場合、出典がわかるように文章化しましょう。

熱心な音楽ファンは世界中で開催されるコンサートやファン集会に参加するなど、音楽には国境はない（音楽ファンの心理, https://www.fanjp.com/ongakupost.html）ため、音楽による国際交流は確実に存在している。

● **メモを参考に文章化する場合**
▶「要約」で情報カードをメモした場合
要約した文章は何からまとめたのか、出典がわかるように書く。

文章例

熱心な音楽ファンは世界中で開催されるコンサートやファン集会に参加するなど、音楽には国境はない（音楽ファンの心理, https://www.fanjp.com/ongakupost.html）ため、音楽による国際交流は確実に存在している。

＊ **06-1** **07-1** は記入例。**06-2** **07-2** のワークシートはリンク先より入手できます。

2．参考文献リストの作成

　直接引用、または間接引用した文献は、他の人が参照できるようにリスト化して示します。これを参考文献リストといいます。

　参考文献リストは、著者名、書名、出版社名、出版年がわかるように書くこと、リストは著者の読みを五十音順で並べることが基本

書き方は他にもある。先生に相談しよう！

例

参考文献リスト
【書籍】事情とおる（2023）『音楽交流の歴史』MIGO出版.
七島　愛（2021）『国境なき音楽団』樺屋書房.
村崎又三郎（2020）「ファンの心」『音楽文化の研究』10号，pp.10-15.
【インターネット】
「音楽ファンの心理」〈https://www.fanjp.com/ongakupost.html〉（参照2023.11.25）.

です。リストの書き方はいくつかのパターンがありますが、学校指定の書き方を決めるとよいでしょう。また、インターネット情報の場合は、URLと参照した日付も書くように支援・指導をします。情報を見る目を育てる、重要な支援・指導だといえます。

［情報の活用］

⑧キーワード（言葉）と概念の理解

情報検索における成功のカギは、キーワード（言葉）と概念との関係を理解して操ることにあります。

人間は「原爆」と「原子爆弾」が同じものであるのを容易に理解できます。しかし、検索システムでは同義語の区別ができないこともあります。また、人間は「犬」が「哺乳類」の仲間で、「哺乳類」が「動物」の仲間であり、概念の大きさが違うことは理解できます。しかし、そうした概念の大きさの違いをすべての検索システムが理解しているわけではありません。

抽象的な事項を探究する場合、概念の大きさで物事を捉えることは必要です。

学校図書館では、NDCの階層関係も参考に、概念を理解し、キーワードを操ることを支援・指導することができるはずです。

⑨インターネットを活用した情報検索

インターネットで情報検索をする場合、Googleなどの検索エンジンに、キーワードを入力する検索方法が一般的です。しかし、高校生であれば、もう一歩踏み込んだインターネット検索も指導・支援する必要があります。

【検索を絞り込む】	【学術情報を探す】	【専門サイトを使う】
検索エンジンのオプションを使い、ドメイン（例：mext.go.jp 文部科学省）や、ファイルタイプ（例：PDFやワードなど）、作成年などを指定することができます。	学術的な情報を得るためには「CiNii Research (https://cir.nii.ac.jp/)」や、「Google Scholar (https://scholar.google.co.jp/)」などの利用を促しましょう。	統計ならば「総務省統計局(https://www.stat.go.jp/)」、法律そのものならば「e-Gov法令検索 (https://elaws.e-gov.go.jp/)」など、専門のサイトを検索することも指導・支援すべきです。リンク集をつくっておくとよいでしょう。

＊「ChatGPT」などの生成系AIによる、文章や画像などの作成が簡単に可能となり、大きな話題になっています。しかし、AIが生成したものが正しいのか、間違っているのかの判断は、人間が下さなくてはなりません。自分の頭で言葉と概念とを操って検索したり、自分で考察し自分で書いたりすることが、今まで以上に重要な意味を持つと考えられます。支援・指導する側は、最新の情報を勉強し続け、対応していかなくてはなりません。

⑩ 情報の評価

インターネットを検索し、情報を得る行為自体は簡単です。しかし、その情報を評価して、信ぴょう性の高い情報なのか、有益な情報なのかなどを評価するのは至難です。インターネット情報について、チェックポイントを押さえて評価し、確認する方法について支援・指導をしましょう。

また、活用した情報が掲載されていたインターネット情報は、出典として「作成者」「ページタイトル」「URL」「アクセス日」をメモしておくように伝えましょう。参考文献リストに記載する際などに活用します（108ページ参照）。

⑪ 情報の読み解き

集めた情報はしっかり読み解き、理解する必要があります。物語を読むのとは異なる読み解き方をするので、読み解くための支援・指導は、以前から読書にかかわってきた学校図書館としての、新しい使命といえるかもしれません。

1．ざっと読む

集めた情報は、まずはざっと目を通して、必要なものかどうかを判断します。スキミングとスキャニングという技法です。

読み解くべき情報が見つかったら、精読と批判読みをします。

2．精読する

精読とは、細かい部分までよく読むことで、熟読ともいいます。文章の接続表現を意識すると、文脈が取りやすくなります。

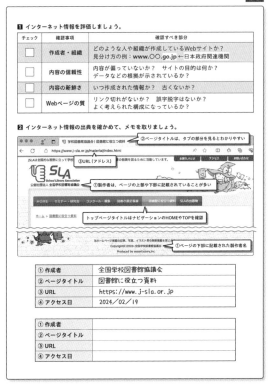

3．批判読みをする

批判読みとは、批判的読解、クリティカルリーディングといわれる読み方です。「文句をつける」「批判をする」という意味ではなく、じっくり著者の主張を読み取り、その主張がどのような根拠で書かれているのかを確認する読み方です。

4．事実と意見、推測と断定を読み分ける

探究では事実と意見とを分けて考えることが必要です。また、意見には推測したものや断定したものがあります。意見の強弱についても見抜くべきでしょう。

［その他の情報の収集方法］

⑫アンケートとインタビュー

アンケートもインタビューも、知りたいことをはっきりさせること（目的を明確にすること）が大切という点では資料の収集法と同じです。目的によって対象者も質問内容も違います。最初に、しっかりと設計をしてから実施するように支援・指導をしましょう。

⑬学校図書館の活用

学校図書館では、書籍、雑誌、新聞などの印刷メディアを扱うほかに、インターネット経由で提供される情報も含め、多様な情報を提供しています。こうした学校図書館活動を目に見える形で提示するPR活動も、ひとつの支援の形といえます。

情報を扱うために必要なさまざまなツールなどを準備し、学習の過程、探究の過程すべてを支援していく体制を整えたいものです。とくに「レファレンスサービス」（46〜49ページ参照）は、すべての探究過程に寄与できるサービスですから、児童・生徒や教師にもしっかりとアピールしましょう。

11

❶ 読み解いた情報について、考えを深めます。著者の主張に「質問」をしてみましょう。

	質問	確認事項	チェックポイント
☐	どういうこと？	概要の説明・解説の有無	基本的な用語解説がされているか？ 定着が間違っていないか？
☐	何が言いたいの？	明確な主張の有無	主張がはっきり表明されているか？ 言いたいことは何か？
☐	どうして？	主張の理由・根拠の有無	主張を支える例やデータがあるか？ 参考文献としてあげているか？
☐	本当に？	主張の理由・根拠の妥当性	例やデータは新しいか？ 正しいか？ 主張を支えるものとして適切か？
☐	これでいいの？	主張の価値の有無	自分勝手な主張になっていないか？ 一般的に価値がある主張か？

❷ 「事実と意見」、「推測と断定」などを見極めることも必要です。以下を参考にして、著者の主張を読んで、考えを深めてみましょう。

① 事実と意見の見極め
【事実】「〇〇パークは2021年に開園した」
　〇〇パークが「2021年に開園した」ことが正しいかどうかは、しっかりと調べて裏付けを取れば、判定できます。
【意見】「〇〇パークは誰にとっても楽しい」
　〇〇パークが「誰にとっても楽しい」ということが正しいかどうかは、調べても正否が判定できません。これは意見です。

② 推測と断定の見極め
【推測】「〜と考えられる」「〜だろう」「〜と推測される」などの語尾が使われる。
　ある根拠から考えた結果、こうだろうと推測したことを述べています。
【断定】「〜である」「〜となる」「〜であった」などの語尾が使われる。
　ある根拠から得た結果や結論、確認・確信を得て断定したことを述べています。

❸ 著者の主張について、考えたことなどを書きとめておきましょう。

12

❶ 探究の過程で、学校図書館から支援してもらえることを確認しましょう。

探究過程	学習内容	学校図書館で支援してもらえること
課題の設定	テーマに関する知識を獲得する 大テーマから小テーマに絞る 問いを見出す 探究の方針を決める	☐ 関連本の収集（資料提供） ☐ ブックトークでの紹介 ☐ ブックリストの作成 ☐ レファレンス（テーマの相談） ☐ 問いのワークシートの提供 ☐ 過去の探究事例の紹介 ☐ 過去の学習成果物の紹介
情報の収集	問いの答えを探す方法を考える 情報を収集する 情報を読み解く 情報の取捨選択をする	☐ 学校図書館の利用方法の指導 ☐ OPACや情報検索の指導 ☐ 資料の読み方の指導 ☐ レファレンス（情報収集の相談） ☐ 資料・情報の提供（公共図書館、大学図書館との連携など）
整理・分析	問いを確認する 考察する方法を確認する 情報をもとに分析する 情報をもとに問いの答えを考察する	☐ 思考ツールの提供 ☐ 引用や要約の方法の指導 ☐ 参考文献の記載方法の指導 ☐ レファレンス（考察法、追加情報の相談など）
まとめ・表現	まとめ・表現する方法を確認する 探究の成果を整理し、まとめる まとめた成果を表現する 表現した成果を共有（発表）する	☐ 多様な表現方法の提供 ☐ レポートなどの見本の提供 ☐ ポスターセッション実施方の提供 ☐ プレゼンテーション方法の指導 ☐ レファレンス（制作物の作り方の相談など）
振り返り・評価	各段階で振り返る 各段階での学びの方法を修正する 学習の最終目標を評価する 新たな問いに向き合い、探究を続ける	☐ 評価表（ルーブリックなど）の提供 ☐ 学びのプロセスの確認表の提供 ☐ まとめや発展的なブックトーク ☐ 発展的な資料・情報の提供 ☐ 学習成果物の展示・掲示・保管など ☐ レファレンス（新たな問いへの対応など）

❷ 学校図書館で支援してほしいことを書き出しましょう。

③

考察・評価への支援・指導

[問いの生成]（113ページ）

　探究のためには、どのような問いを立てておくのかが最重要になります。105～111ページで示したような情報収集は、どのような問いを立ててあったのかによって、成功するかどうかが左右されます。問いを立てるという頭の使い方を確認しておく必要があります。

　まずは、問いには大きく分けて2つの種類があることを押さえておきましょう。

●答えに迷いがなく解答できる、クローズドクエスチョン（Yes／Noで解答可能）
●答えがさまざまなものになる可能性がある、オープンクエスチョン

　探究はオープンクエスチョンの問いを追究するものだと考えてよいでしょう。
　「問いの生成」について、問いのレベルとその整理方法についての支援・指導を確認しておきます。
①問いのレベル
②問いの整理

[思考の方法]（114ページ）

　問いが立てられ情報が得られても、考察が深まらなければ探究も深まりません。考えるときには、どんな支援・指導が必要でしょうか。多様な思考の方法を支援・指導できるように確認しましょう。
③発想法：ブレインストーミングなど
④思考ツール
⑤情報の整理・分析
⑥批判的思考とその他の思考法
⑦デザイン思考

[評価や振り返りの方法]（118ページ）

　情報を得て考察が深まったとしても、その探究を評価して進まないと、間違った方向に向かうこともあります。また、自分の探究の道すじを見つめ、振り返りながら進むことも大切です。評価と振り返りなどについての支援・指導を確認しましょう。
⑧学習プロセスの評価や振り返り
⑨ルーブリックとポートフォリオ
⑩中間発表と新しい疑問への対応

［問いの生成］

①問いのレベル

　問いにはレベルがあります。レベル1はクローズドクエスチョンです。オープンクエスチョンの中にも、レベル2から4までのレベルがあると考えられます。新しい事実を発見する問い（レベル2）よりも、新しい意味付けを見いだす問い（レベル3）の方が難しく、答えを導く際に妥当性・可能性などの判断が伴う問い（レベル4）はさらに難しくなります。

　ただし、レベル4の問いを解くには、レベル1から3までの問いが解けていることが前提になります。単純と思われる疑問も、一つひとつ解決することが必要です。自分の問いがどのレベルなのか、自覚できるような支援・指導も必要になるでしょう。

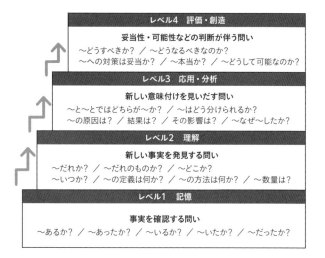

②問いの整理

　「問い」がそのまま調べる事項になるとは限りません。「問い」を解決するためには調査しなければならない「小さな問い」をたくさんつくり、それらを調べていくことが有効な手段となります。

　どのようなことを調べたら、自分なりの「問い」が解決できるのかを考え、「小さな問い」として整理する支援・指導をしましょう。それが効果的な情報収集につながります。

＊ **13-1** は記入例。**13-2** のワークシートはリンク先より入手できます。

[思考の方法]

③発想法：ブレインストーミングなど

　物事を考察する際には、考えを広げていく場合があります。ブレインストーミングをして、アイデアを出していく方法はいくつかあります。ブレインストーミングで出たアイデアは、まとまったものではない場合が多いのですが、何かを考える際のヒントになります。いくつかの典型的な方法を紹介しましょう。

1．付箋に書き出す

　あるテーマに関連して、思い浮かぶ単語や疑問を付箋に書いていくという方法です。単語と疑問とは色を変えて書いていくという方法もとれます。1枚の付箋には、一つの事柄だけを書いていくようにします。付箋は学校図書館に備え付けておくべきツールの一つです。なお、デジタルの付箋機能を使って、ブレインストーミングする場合もあります。

2．マッピング（ウェビング）で　書きだす

　マッピングは、あるテーマについて、その全体像を示すのに使います。関連事項を出していき、線でつないでいくので、ウェビングともいわれます。事柄と事柄との関係性を考えながらつないでいき、単なる連想ゲームになってしまわないように、適切な支援・指導ができるように工夫しましょう。

3．マンダラートに書き出す

　本来マンダラートは、発想を広げるのに使いますが、探究学習では、あるテーマに関して8つの関連事項を書き込むことで、現時点でどの程度の知識があるのかを確認する場合にも使うことができます。

　たくさんのマスが埋まるようなら、十分な知識があり、下調べも十分でしょう。しかし、マスが埋まらないようなら、知識が不足しています。さらに下調べをする必要があることがわかります。

　また、これらの知識の中から、自分の興味が持てる項目を探し出すのに使うこともあります。

14

① 自分のテーマに関連する事項を確認します。まず、下の図のまん中に、学習のテーマを書きましょう。
② 8つのマスに、テーマに関連することで知っていることを書いてみます。

1	2	3
8	テーマ	4
7	6	5

③ ②ですべてのマスが埋まったら、興味がある事柄を選択し、下のような図をつくって展開します。選択する事柄は1つでも、複数でもよいのですが、マスがあまり埋まらないなら、テーマに関する基礎知識が不足しています。百科事典などで下調べをしましょう。

④ 探究したいテーマが見つかったら、書いておきましょう。

④思考ツール

「思考すること」は複雑な仕組みがあります。しかし、それを図式化して、わかりやすく提示する支援・指導ができます。

「総合的な学習（探究）の時間」の学習指導要領解説には、比較する、分類する、関連付けるなどの「考えるための技法」を活用することが明記されました。これを可視化してわかりやすくしたものが「思考ツール」と呼ばれています。

考えることがあまり得意ではない児童・生徒が、思考の型にあてはめながら考えを巡らすことができることは有効です。ただし、最終的には、型にとらわれない自由な思考ができるようにすることを目指す必要があるでしょう。

思考ツールは既成のものを利用することも考えられますが、オリジナルのデザインをすることもできます。

5W1Hの疑問を考えさせることは基本中の基本なので、準備しておきましょう。各思考ツールは、いつでも利用できるように、学校図書館に置いておくべきです。

例）５Ｗ１Ｈマップ

When：時間　いつ？　いつから？
　　　　いつまで？

Where：空間　どこ？　どこで？　どこの？

Who　：人間　だれ？　だれが？　だれの？
　　　　だれのもの？　だれによって？

What　：定義　なに？　何が？　何の？
　　　　何よって？

Why　：理由　なぜ？　どうして？

How　：状況　どのように？　どれくらい？
　　　　いくつ？　いくら？

⑤情報の整理・分析

収集した情報は、問いに照らして分析していく必要があります。収集した情報は、つながりのないバラバラのものかもしれません。しかし、それらの関係性を見いだしたり、関係付けたりするなかで、新しい発見となっていきます。情報カードや付箋などに書いた情報を整理する方法を、支援・指導することは有効です。

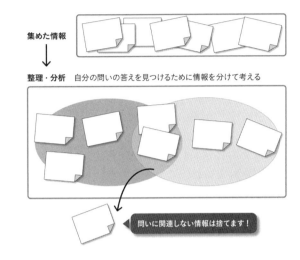

集めた情報
↓
整理・分析　自分の問いの答えを見つけるために情報を分けて考える

問いに関連しない情報は捨てます！

このような整理・分析をしていくと、集めた情報の中には必要がないものも見つかります。問いに関連しない情報を捨てる勇気も必要になります。また同時に、足りない情報が明らかになり、情報を収集し直したり、読み直したりすることが必要になる場合もあります。

問いが典型的な思考の型に従っていた場合、例えば、「AとBとを比較したら、何が見えるのか？」という問いであれば、ベン図などの思考ツール（115ページ参照）を使って、似ている部分と異なる部分とを分ける思考ができます。

⑥批判的思考とその他の思考法
1．批判的思考（クリティカル・シンキング）

批判的といっても、何かを否定するというわけではありません。論理的な矛盾点を突いたり、根拠の正しさなどを確認したりする思考のことです。文章を読んだり、物事を考えたりする際に発揮する思考法です。

また、批判的思考から意見をつくるパターンとしては、❶著者の主張への反論を行い、反論の理由を考える。❷著者の主張への反論を行い、代替案を考える。❸著者の主張への反論を行い、補足を考える。❹著者の主張の検討を行い、肯定意見を考える。などの方法があります。

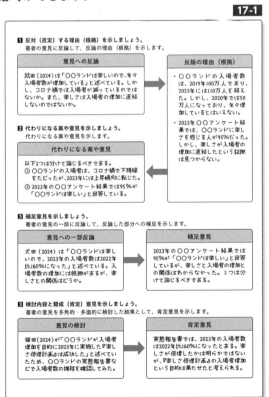

17-1

❶ 反対（否定）する理由（根拠）を示しましょう。
　著者の意見に反論して、反論の理由（根拠）を示します。

意見への反論	反論の理由（根拠）
鼠田（2024）は「〇〇ランドは楽しいので、年々入場者数が増加している」と述べている。しかし、コロナ禍では入場者が減っているのではないか。また、楽しさは入場者の増加に直結しないのではないか。	・〇〇ランドの入場者数は、2019年100万人であり、2023年には110万人を超えた。しかし、2020年では50万人になっており、年々増加しているとはいえない。 ・2023年〇〇アンケート結果では、〇〇ランドに楽しさを感じる人が95%だった。しかし、楽しさが入場者の増加に直結したという証拠は見つからない。

❷ 代わりになる案や意見を示しましょう。
　代わりになる案や意見を示します。

代わりになる案や意見
以下2つは分けて論じるべきである。 ① 〇〇ランドの入場者は、コロナ禍で下降線をたどったが、2023年には上昇傾向に転じた。 ② 2023年の〇〇アンケート結果では95%が「〇〇ランドは楽しい」と回答している。

❸ 補足意見を示しましょう。
　著者の意見の一部に反論して、反論した部分への補足を示します。

意見への一部反論	補足意見
犬田（2024）は「〇〇ランドは楽しいので、2023年の入場者数は2022年比160%になった」と述べている。入場者数の増加には根拠があるが、楽しさとの関係はどうか。	2023年の〇〇アンケート結果では95%が「〇〇ランドは楽しい」と回答しているが、楽しさと入場者の関係はわからなかった。2つに分けて論じるべきである。

❸ 検討内容と賛成（肯定）意見を示しましょう。
　著者の意見を多角的・多面的に検討した結果として、肯定意見を示します。

意見の検討	肯定意見
猫田（2024）が「〇〇ランドが入場者増加を目的に2023年に実施した『楽しさ倍増計画は成功した』と述べているため、〇〇ランドの実態報告書などで入場者数の推移を確認してみた。	実態報告書では、2023年の入場者数は2022年比160%になったとある。楽しさが倍増したかは明らかではないが、『楽しさ倍増計画』の入場者増加という目的は果たせたと考えられる。

＊ **17-1** は記入例。**17-2** のワークシートはリンク先より入手できます。

2．多角的な思考

・6つの帽子

（Six Thinking Hats）

エドワード・デ・ボーノが、1983年に開発した多角的な思考法です。6色の帽子で指示された視点で順番に考えることで、多角的な視点での思考を支えます。

白	コンピュータになれ！（情報）	事実と情報（データ）のみを見る。中立性でものを見る。
赤	あるがままの感情を表現せよ！（感情）	感情的に見る。感情を説明したり、正当化したりする必要ない。
黒	マイナス面を見よ！（ネガティブ）	批判的に見る。論理的な証拠をもとに、矛盾や問題点を指摘する。
黄	プラス面を見よ！（ポジティブ）	どんな利益があるのか、論理的な推理、建設的な意見を出す。
緑	創造的な視点で見よ！（クリエイティブ）	可能性の追求、新しいアイデアを考える。
青	戦略を立てよ！（戦略）	すべての思考をコントロールし、考え方を考える。焦点をしぼる。

・スキャンパー（SCAMPER）

ボブ・エバールが「オズ・ボーンのチェックリスト」を改良したものです。それぞれのものの見方をすることで、アイデアを創出していきます。

S	Substitute　置き換えられる？
C	Combine　組み合わせたり、一緒にできたりする？
A	Adjust・Adapt　何かに適応できない？
M	Modify・Magnify・Minify　修正してみたら？
P	Put to other uses　他の利用法はない？
E	Eliminate　いらないものを取り除いたら？
R	Reverse・Rearrange　逆に考えたらどう？

⑦デザイン思考

デザイン思考とは、デザイナーがデザインを行う際の思考をビジネスにも応用しようとするものでした。現在は、学習の場においても、デザイン思考で問題を解決していこうとする動きがあります（実践例は、94ページ参照）。

現状を確認して共感することから始まり、問題を定義して解決方法のアイデアを出していきます。解決できるデザインを試作し、テストを繰り返す中で洗練させていきます。何かをつくったり、提案をしたりする探究のプロセスに、このデザイン思考のプロセスを応用することができます。

図書館の世界では、2015年にデザイン会社IDEOが米国のシカゴ公共図書館とデンマークのオーフス公共図書館と協力し図書館のためのデザイン思考のツールキット"Design Thinking for Libraries: a Toolkit for Patron-Centered Design"を作成したことが、「カレントアウェアネスE1649」で紹介されました。そこでのデザイン思考は、3つのフェーズ（①デザインの課題を明確にして新しい視点を見つける「インスピレーション」(inspiration)、②アイデアを集めて具体化させる「創造」(ideation)、③ユーザーからのフィードバックに基づいた継続的実践「反復」(iteration)）として提示されています。

［評価や振り返りの方法］

⑧学習プロセスの評価や振り返り

　探究を行うと、不確かな知識は確からしい知識に変化していきます。どのような変化をねらっていくのかは、学習を計画する指導者があらかじめ考えておくべきです。何をどのように考えて結論を出してほしいのかを描いておくことが、終点がある学習計画には大切なことです。学校図書館は、さまざまなワークシートを準備して支援しましょう。

1．KWLチャート

　探究を始める前に、自分の知識と疑問を書き入れておき、最後に得た知識を書き入れることで、自分の知識が自分の疑問によって確かなものになったり、増えたりしたことがはっきりとわかるワークシートです。

　まず知っていることを書いてみますが、その時点では、何も書けなくても大丈夫です。疑問を考え探究するうちに、書ききれないほどの知識を書ける自分に、児童・生徒は驚くに違いありません。この知的な驚きを、学校図書館からも提供することができます。

2．学習プロセスの計画と評価

　学習プロセスの途中での評価や振り返りは大切です。どの時点でどのようなことができていればよいのか、あらかじめ評価指標をつくっておくことが求められます。

　評価指標は、ルーブリックとして、明確化しておくことが有効です。カリキュラムのデザイン（第5章参照）を行う際に、評価の計画も考えることが必要です。

　このような学習の計画や評価のあり方を、教師と司書教諭・学校司書が共有することで、児童・生徒は、迷いなく学習を進めることができます。

18

「KWLチャート」は、探究の過程を通して使い、自分が知っていることや知りたいこと、そして学んだことを書き、知識の状態を確認していくものです。
1 テーマを書きましょう。
2 探究前の自分が知っていることを「K」に書きましょう。
3 探究して知りたいことを「W」に書きましょう。
4 探究が終了した後、自分が学んだことを「L」に書きましょう。
5 自分の知識の変化を確認しましょう。

テーマ

K What I Know	W What I Want to Know	L What I Learned
私が知っていること	私が知りたいこと	私が学んだこと

19

1 指示された探究課題と最終成果物の予定を書きましょう。

2 テーマに関連する自らの問いを書きましょう。

3 自らの問いに対する仮説を書きましょう。

4 問いを解くための、調査しなければならない事項（小さな問い）を書きましょう。

5 探究の計画と実施の記録をつけましょう。

探究過程	日程	実施予定	実施内容	自己評価
課題の設定				
情報の収集				
整理・分析				
まとめ・表現				

6 探究が終了後、振り返りを行い、さらに疑問に思ったことなどを書きましょう。

⑨ルーブリックとポートフォリオ

１．ルーブリック　（60ページ参照）

　ルーブリックとは、「成功の度合いを示す数レベル程度の尺度と、それぞれのレベルに対応するパフォーマンスの特徴を示した記述語（評価規準）からなる評価基準表」（「学習評価に関する資料」文部科学省より）のことです。学習の到達目標を段階的なレベル別に明らかにしておきます。

２．ポートフォリオ

　ポートフォリオ評価とは「児童生徒の学習の過程や成果などの記録や作品を計画的にファイル等に集積。そのファイル等を活用して児童生徒の学習状況を把握するとともに、児童生徒や保護者等に対し、その成長の過程や到達点、今後の課題等を示す」（「学習評価に関する資料」文部科学省より）とされています。児童・生徒の学習成果物を含めたポートフォリオの保存先として、学校図書館を活用する場合もあります。

　また、近年では、LMS（学習マネジメントシステム）に蓄積する、デジタルポートフォリオも活用され始めています。タブレットの浸透とともに活用が拡大しています。

⑩中間発表と新しい疑問への対応

　学習途中の進捗状況や評価、学習が終了した時点の評価や振り返りを行う支援・指導が有効です。

１．中間発表

　学習過程の途中で中間発表会を開くことは有効な手段です。特に探究の計画段階では、自分が探究する方向性を発表して、ほかの児童・生徒の意見を聞くことが重要です。また、ほかの児童・生徒がどのような問いを立てて調べようとしているのかを知ることで、自分の調べる方向性や考え方を見直すことにもつながります。

　中間発表では、自分なりの問いや、その背景、予想される答え（仮説）、調べるための「小さな問い」などをいくつか発表していくとよいでしょう。

２．新しい疑問への対応

　学習の最後に評価をする際は、新しい疑問への対応が必要です。学習には終わりがありますが、探究には終わりがないからです。何か残された課題があったり、新しく生まれてきた疑問があったりするはずです。それを記載しておき、次の探究につなげていきます。それによって、一単元の学習が終わっても、学校図書館が探究の場となり続けることになります。

表現・発表への支援・指導

　情報を得て考察が深まり、評価して探究の過程がほぼ終了したら、これまでの学びを整理して、発表するなどの学習活動が行われます。

　整理する場合は、考察結果を明確にする必要があります。考えをまとめるために、わかったことをマッピング（114ページ参照）するのもよいでしょう。関連性などが明確化します。考えが整理され、主張する意見などがまとまったら、他者にわかるように表現します。自分の主張（意見）と、集めた情報（根拠となるもの）とを組み立てて、論理的な表現を心がけます。

［ ハンバーガー形式の構成 ］

　自分の主張を論理的に伝えるために、基本的な「型」（フォーム）を提案することができます。ここでは、伝えたいことの全体が、ハンバーガーになるように考える方法を紹介します。

　「バンズ」は自分の主張、「ハンバーグ・レタス・トマトなどの具」は主張を裏付ける根拠や例と考え、自分の主張と根拠を組み立てていきます。このハンバーガーの「型」（フォーム）で表現する場合、自分の主張「バンズ」で、根拠「具」を挟み込むというイメージになります。

　つまり、主張の提示（バンズの上部）、理由や根拠の提示（具）、最後に再度主張の提示（バンズの下部）という型を基本としています。これが、わかりやすい表現の基礎となりますので、ワークシートなどで支援・指導することもできます。

　具体的にどのような指導ができるのか、ここでは、表現・発表をする際のいくつかの支援・指導の方法を紹介します。

①主張を支える根拠の捉え方
②意見文や論証文の形式
③ポスター、スライド、新聞の形式
④レポート・論文の形式
⑤その他のアウトプット方法：学習成果物にも多様性を求めよう

①主張を支える根拠の捉え方

　自分なりの主張（意見）を導き出すためには、根拠となる情報が必要です。結論が出て意見がまとまったら、その根拠を整理して他者に説明していきます。ハンバーガー形式の具の部分が「根拠」にあたります。

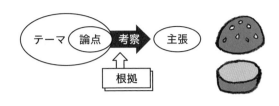

　根拠（ハンバーガーの具の部分）の提示の仕方には、大きく分けて２つあります。根拠を並列して説明するか、つながりを持たせて説明するかです。このように整理した考えを持つことで、他者にわかりやすい整理された提示をすることができるはずです。基本的な論の組み立て方を支援・指導してみましょう。

１．並列した根拠から意見をつくる

　それぞれの根拠から推測して、結論となる主張（意見）を見出します。例えば、発表する際に「私の意見はAです。理由は３つあります。まず～。次に～。最後に～」という展開になるものです。

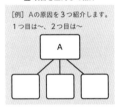

２．根拠をつなぎながら意見をつくる

　例としては、「三段論法」があります。大前提から小前提、そしてそこから導き出される結論という流れです。

　また、時系列で並べて紹介するということも考えられます。

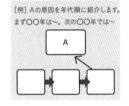

②意見文や論証文の形式

　ハンバーガー形式の、簡単な意見文や論証文を書いてみることで、長い論文を書く際の練習になります。さまざまなフォームを提供することで、児童・生徒を支援・指導することができます。

１．簡単な意見文

　主張を支える根拠や理由を列挙する、簡単な意見文のフォームを提供しましょう。

2．やや複雑な論証文

主張を支える理由に、さらなる裏付けがあったり、反論や反論への反論があったりと、やや複雑なフォームを提供しましょう。

このフォームは、調べた結果、わかったことや主張したいことを決めて、その根拠となる理由や例を書きます。

また、予想される反論や、反論への反論も書きます。

さらに、これらの根拠となる参考文献を書くことで、独りよがりの主張にならない支援・指導ができます。

最後の部分には、それらを適切な接続表現でつないで、文章化する練習ができるようになっています。

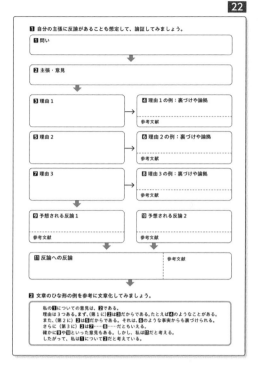

③ポスター、スライド、新聞の形式

ポスターもスライドも、論の立て方の基本は意見文や論証文と同じです。自分の意見を支える証拠や理由を明確にしましょう。

一方、新聞の構成の仕方は独特です。見出し、リード文、本文を考えていくなかで、自分の言いたいことの中心が見えてくることもあります。

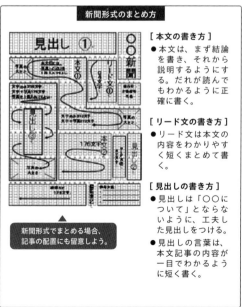

④レポート・論文の形式

レポート・論文を提出するときは、体裁を整えます。体裁が整っていないものは読みにくいだけではなく、レポート・論文として認められないことがあります。基本的なレポート・論文の形式についても支援・指導していく必要があります。

レポート・論文の文章には、序論（はじめに）と本論、結論（おわりに）にあたる部分があります。その他に、表紙、目次、参考文献リスト（108ページ参照）が必要です。

序論（はじめに）には、レポートの目的、自分自身の問い（問題意識）や動機、問題の背景などを書きます。さらに、このレポート・論文で調べて説明する

表紙 タイトル 所属 名前	❶表紙 「タイトル」「所属」「自分の名前」を書きます。 「タイトル」は、自分の問いや自分がもっとも主張したいポイントを簡潔に表現できるように工夫します。
目次	❷目次 章の案（アウトライン）を考えたときから変更になることがあります。目次は、本文を書き終えたあとで清書しましょう。
序論 （はじめに）	❸序論（はじめに） テーマ、動機、書いたことの全体像について説明をします。 書くこと全体が決まっていないと書けない部分です。
本論 第1章 第2章 第3章	❹本論 「自分が主張したいこと」を他人に説明し、わかってもらうためにいちばん説得力がある「章の順番」を考えます。 どうしたら主張が伝わるか、「論理的な構造」を考えましょう。
結論 （おわりに）	❺結論（おわりに） 自分の主張したいことを簡潔にまとめます。 今後の課題やもっと調べたいことなども書きます。
参考文献 リスト	❻参考文献リスト レポートや論文で参考にしたり、引用したりした文献（書籍・雑誌、新聞、Webサイトなど）のリストのことです。レポート・論文には、必ずこの参考文献リストが必要です。

ことは何かというテーマ、また提示する順番はどうなっているのかの展開も書きます。

本論は、レポート・論文の本文にあたる部分です。適切な引用（108ページ参照）を用いて根拠を示し、自分の主張を書きます。自分の問いに合わせて、いくつかの章をつくります。

結論（おわりに）には、自分の主張のまとめや、今後の課題などを書きます。

文章を書いたら、「推敲」することが必要です。文章を書く理由は他人に読んでもらうためです。独りよがりの表現になっていないか、言い回しがおかしくないか、話が飛んでいないかなど確認しなくてはいけません。声を出して読んでみると、おかしいところに気がつきます。パソコンの読み上げ機能を使って確認してもよいことを伝えましょう。

⑤その他のアウトプット方法：学習成果物にも多様性を求めよう

学習成果物は、レポート・論文、スライド、ポスター、新聞などで表現することが多いようですが、アウトプットする方法はそれらばかりではありません。報告書だったり、新しい提案を創造した企画書だったり、アイデアを形にする設計図だったりしてもよいはずです。また、3Dプリンターでモノをつくったり、アプリやプログラムをつくったり、絵や写真、POP、模型などの作品をつくったりすることもありえます。実社会においては、探究の結果をアウトプットする方法は無限に存在します。むしろ多様な表現方法こそ、学ぶべきでしょう。

これからの社会を生きていく人間にとっては、社会の問題を見出し、探究し、答えや解決策を導き出すこと、さらに新しい知識を創造するようなアウトプットが大切になるはずです。学校図書館は、従来からよく活用される表現方法だけではなく、すべての創造法や表現法にも対応できる場になる必要があります。

「あとがき」にかえて

児童・生徒のよりよい探究のために考えてほしいこと

　探究的な学びを展開する際に考えてほしいことがあります。それは、大人（教師、司書教諭、学校司書など）が児童・生徒の学びにどこまで手を出すか、どこまで手助けするかということです。

　総合的な学習（探究）の時間の学習指導要領解説内には、「日常生活や社会に目を向け、生徒（児童）が自ら課題を設定する」と書かれています。これだけを見ると、児童・生徒にすべてを任せて、自ら課題を設定し、問いを紡ぎ出して、探究を進めさせることが良いことだと思うかもしれません。しかし、「何でもいいから、探究する課題を設定してみよう」という指示は、大学生が卒業論文でリサーチクエスチョンを設定することと同レベルの話になってしまいます。児童・生徒が探究を進めていくなかで、困難をきたす場面も出てくるでしょう。完全に自由な探究をさせることは、探究の経験が浅い児童・生徒に対しては避けた方がよいと考えます。段階的に大人の手を離れ、児童・生徒が自分自身の探究を進めることができるようにガイドすべきでしょう。場合によっては、探究する体験を積むために、大人によってコントロールされた探究のトレーニングのような学習も必要だと考えられます。

　そこで、『思考を深める探究学習』でも紹介した、探究のレベルを意識してほしいと考えています。掲載されていた図を以下に記載しておきます。参考にしてください。

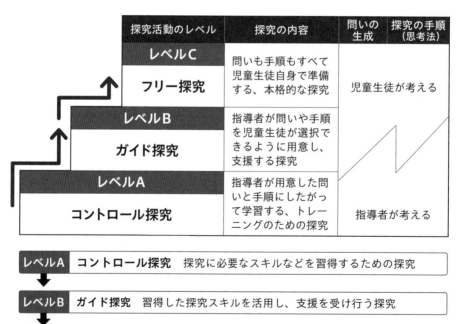

探究活動のレベル	探究の内容	問いの生成	探究の手順（思考法）
レベルC　フリー探究	問いも手順もすべて児童生徒自身で準備する、本格的な探究	児童生徒が考える	
レベルB　ガイド探究	指導者が問いや手順を児童生徒が選択できるように用意し、支援する探究		
レベルA　コントロール探究	指導者が用意した問いと手順にしたがって学習する、トレーニングのための探究	指導者が考える	

レベルA	**コントロール探究**　探究に必要なスキルなどを習得するための探究
レベルB	**ガイド探究**　習得した探究スキルを活用し、支援を受け行う探究
レベルC	**フリー探究**　習得し、活用した探究スキルを援用した本格的な探究

「探究」という言葉が教育界に浸透した、この時代に、本書を出版できたことに大きな意義があると感じます。総合的な学習（探究）の時間だけではなく、教科の中でも問いを突き詰めて考えていく探究の授業が展開されるようになってきました。本書では、そういった授業をよりよく構築するためにはチームで対応することが重要であることや、そのチームの中に学校図書館の司書教諭や学校司書を加えることが効果的であることなどを訴えてきたつもりです。

　もしかしたら、取り上げた事例のすべてが私立学校であり、中学校や高等学校でもあったために、公立学校や小学校ではまねできないなどと思うかもしれません。しかし、そんなことはありません。参考になる部分が必ずあります。もしも、わからないことがあれば、質問してほしいと思います。執筆者一同、お待ちしています。多くの皆さんが本書を参考にして、多様なかたちの探究的な学びが展開できることを願っています。

　チームで取り組むからこそ、わくわくするアイデアが生まれたり、共につくる喜びを味わえたりします。まさにこの本をつくる過程もそうでした。いつも刺激をくれる学校図書館の仲間に感謝します。合わせて執筆にあたり協力いただいた、富士見中学校高等学校・三浦佳奈先生、鈴浦雅大先生、田園調布学園・細野智之先生にお礼申し上げます。　　　　　　　　　　　　　　　　　　　　　　　（宗　愛子）

　学校図書館は、「自分自身のことや自分を取り巻く世界をもっと知りたい」そんな子どもたちの「探究心」が生まれ育つ場所。教師と司書教諭・学校司書がチームを組めば、子どもたちの学びはもっとワクワクするものになります。本書で紹介させていただいた授業実践は、青翔開智中学校・高等学校の先生方と一緒に創ってきた宝物です。執筆にあたりご協力いただいた先生方に心より感謝申し上げます。　　　　　　　　　　　　　　　　　　　　　　　　　　　　　（横井麻衣子）

　学校図書館から、あるいは教師から、最初に声をかける時はドキドキしちゃうかもしれないけれど、どうぞ勇気をもって、まずは声を掛け合ってください。その勇気がきっと探究的な学びにつながります。執筆にあたり寄稿してくださった、かえつ有明中・高等学校の社会科の西田久美子先生・三塚平先生、理科の児島玲奈先生、またご協力いただいた保健体育科の岡田彩菜先生にお礼を申し上げます。　　　　　　　　　　　　　　　　　　　　　　　　　　　　　　（眞田章子）

　本書の執筆にあたりご協力いただいた東京純心女子中学校・高等学校の森扶二子校長先生をはじめ先生方に深謝いたします。「学校に勤めたら司書教諭・学校司書と仲良くなること。そうすればさまざまなアドバイスがもらえて、授業が実り多いものになる」という感覚が、学校の当たり前になる日が来ることを切に願います。　　　　　　　　　　　　　　　　　　　　　　　　　　　　　　（遊佐幸枝）

　最後になりましたが、本書に事例を提供してくれた4校（富士見中学校高等学校、青翔開智中学校・高等学校、かえつ有明中・高等学校、東京純心女子中学・高等学校）の先生方や関係者の皆さまに深く感謝を申し上げます。

参考文献

＊本書は下記の書籍を参考にしています（この書籍に掲載の参考文献はダウンロードできます。詳しくは8ページを参照してください）。
　　桑田てるみ（2016）『思考を深める探究学習：アクティブ・ラーニングの視点で活用する学校図書館』全国学校図書館協議会.
＊図書館に関する専門用語については、以下を参考にしてください。
　　今まど子・小山憲司編著（2022）『図書館情報学基礎資料 第4版』樹村房.
　　日本図書館情報学会用語辞典編集委員会編（2020）『図書館情報学用語辞典 第5版』丸善出版.
　　日本図書館情報学会編（2023）『図書館情報学事典』丸善出版.

第1章

【p.10】ジョン・デューイ（1968）『論理学：探究の理論』中央公論社（魚津郁夫訳）.

【p.10-】文部科学省（2017）『中学校学習指導要領（平成29年告示）解説　総合的な学習の時間編』東山書房.
　　〈https://www.mext.go.jp/component/a_menu/education/micro_detail/__icsFiles/afieldfile/2019/03/18/1387018_012.pdf〉（参照2023-10-01）.

【p.10-】文部科学省（2018）『高等学校学習指導要領（平成30年告示）解説　総合的な探究の時間編』学校図書.
　　〈https://www.mext.go.jp/content/1407196_21_1_1_2.pdf〉（参照2023-10-01）.

【p.14-】文部科学省（2017）『中学校学習指導要領（平成29年告示）解説　総則編』東山書房.
　　〈https://www.mext.go.jp/component/a_menu/education/micro_detail/__icsFiles/afieldfile/2019/03/18/1387018_001.pdf〉（参照2023-10-01）.

【p.14-】文部科学省（2018）『高等学校学習指導要領（平成30年告示）解説　総則編』東洋館出版社.
　　〈https://www.mext.go.jp/content/20211102-mxt_kyoiku02-100002620_1.pdf〉（参照2023-10-01）.

第2章

【p.24】吉岡裕子・遊佐幸枝監修（2015）『発信する学校図書館ディスプレイ：使われる図書館の実践事例集』少年写真新聞社.

【p.27】全国学校図書館協議会オーストラリア学校図書館研究視察団編（2011）『オーストラリアに見るコミュニケーション力を培う学校図書館』全国学校図書館協議会.

第3章

【p.40】安野光雅（1992）『ふしぎなたね』（美しい数学）童話屋.

【p.40】マーチン・ガードナー（2009）『aha! Gotcha ゆかいなパラドックス1』日本経済新聞出版社（竹内郁雄訳）.

【p.40】桑田てるみ編著，学校図書館とことばの教育研究会（2010）『思考力の鍛え方：学校図書館とつくる新しい「ことば」の授業』ITSC静岡学術出版事業部.

【p.42】河野哲也（2021）『問う方法・考える方法：「探究型の学習」のために』（ちくまプリマー新書）筑摩書房.

【p.42】『切抜き速報社会版』ニホン・ミック.

【p.42】『月刊Newsがわかる』毎日新聞出版.

【p.42】小笠原喜康，片岡則夫（2019）『中高生からの論文入門』（講談社現代新書）講談社.

【p.43】石川晋（2013）『学び合うクラスをつくる！「教室読み聞かせ」読書活動アイデア38』明治図書出版.

第4章

【p.57】ダン・ロススタイン，ルース・サンタナ（2015）『たった一つを変えるだけ：クラスも教師も自立する「質問づくり」』新評論（吉田新一郎訳）.

【p.58】坂本旬（2022）『メディアリテラシーを学ぶ：ポスト真実世界のディストピアを超えて』大月書店.

【p.70】末永幸歩（2020）『13歳からのアート思考：「自分だけの答え」が見つかる』ダイヤモンド社.

【p.70】エイミー・E・ハーマン（2016）『観察力を磨く名画読解』早川書房（岡本由香子訳）.

【p.72】京都芸術大学アート・コミュニケーション研究センター／監修　福のり子他／編（2023）『ここからどう進む？対話型鑑賞のこれまでとこれから：アート・コミュニケーションの可能性』淡交社.

【p.72】佐藤実，宮本由紀（2018）『海外にとびだそう 英語でアート！：アートに関わる人におくる実践的英語読本』マール社.

【p.76】H・リン・エリクソン，ロイス・A・ラニング，レイチェル・フレンチ（2020）『思考する教室をつくる概念型カリキュラムの理論と実践：不確実な時代を生き抜く力』北大路書房（遠藤みゆき，ベアード真理子訳）.

【p.76】河野哲也（2021）『問う方法・考える方法：「探究型の学習」のために』（ちくまプリマー新書）筑摩書房.

【p.76】河野哲也編（2020）『ゼロからはじめる哲学対話：哲学プラクティス・ハンドブック』ひつじ書房.

【p.77】稲垣忠編著（2022）『探究する学びをステップアップ！情報活用型プロジェクト学習ガイドブック2.0：6つのポイントで「探究」の質を高めよう』明治図書出版.

【p.77】稲垣忠編著（2020）『探究する学びをデザインする！情報活用型プロジェクト学習ガイドブック：教科の「プチPBL」で探究する力を育てよう』明治図書出版.

【p.79】三森ゆりか（2002）『絵本で育てる情報分析力』一声社.

【p.79】読み研運営委員会編（2000）『科学的な「読み」の授業入門　文学作品編』東洋館出版社.

【p.81】磯崎園子「絵本と年齢をあれこれ考える」『こどもの本』（2021年6月号〜2022年1月号）日本児童図書出版協会.

【p.83】ナンシー・アトウェル（2018）『イン・ザ・ミドル：ナンシー・アトウェルの教室』三省堂（小坂敦子, 澤田英輔, 吉田新一郎編訳）.

【p.83】ジェラルド・ドーソン (2021)『読む文化をハックする：読むことを嫌いにする国語の授業に意味があるのか?』新評論（山元隆春, 中井悠加, 吉田新一郎訳）.

【p.83】編集工学研究所 (2020)『探究型読書』クロスメディア・パブリッシング.

【p.83】吉田新一郎 (2019)『改訂増補版 読書がさらに楽しくなるブッククラブ：読書会より面白く、人とつながる学びの深さ』新評論.

【p.84】吉田新一郎 (2017)『増補版「読む力」はこうしてつける』新評論.

第5章

【p.88】「これからの時代に求められる資質・能力を育むためのカリキュラム・マネジメントの在り方に関する調査研究 概要」文部科学省〈https://www.mext.go.jp/a_menu/shotou/new-cs/new/1389014.html〉（参照2023-10-01）.

＊カリキュラム・マネジメントの充実を図るための実証的な調査研究を採択された自治体の研究結果を確認できる.

第6章

【p.105】慶応義塾大学メディアセンター「情報の種類と特徴　1. 情報の生産と流通」『KITIE』〈https://www2.lib.keio.ac.jp/project/kitie/types/index.html〉（参照2023-10-01）.

【p.114】今泉浩晃 (1998)『マンダラMEMO学：Mandal‐Art 脳のOSを創る』オーエス出版.

【p.116】河野哲也 (2018)『レポート・論文の書き方入門』第4版, 慶應義塾大学出版会.

【p.117】Hasso Plattner Institute of Design at Stanford University (d.school)「Get Started with Design Thinking」〈https://dschool.stanford.edu/resources/getting-started-with-design-thinking〉（参照2023-10-01）.

【p.117】安原通代 (2015)「図書館のためのデザイン思考」『カレントアウェアネス−E』No.275 〈https://current.ndl.go.jp/e1649〉（参照2023-10-01）.

【p.117】Bob Eberle (2008) "Scamper: Creative Games and Activities for Imagination Development" Routledge.

【p.117】エドワード・デ・ボーノ (2015)『6つの帽子思考法：視点を変えると会議も変わる』パンローリング（川本英明訳）.

【p.119】文部科学省 (2016)『資料6−2学習評価に関する資料』「教育課程部会総則・評価特別部会（第4回）配付資料」〈https://www.mext.go.jp/b_menu/shingi/chukyo/chukyo3/061/siryo/__icsFiles/afieldfile/2016/02/01/1366444_6_2.pdf〉（参照2023-10-01）.

＊用語解説として以下より引用しています.

　【p.60】ルーブリック評価［カタカナ語・外来語【2023】], 現代用語の基礎知識（自由国民社）, ジャパンナレッジSchool, 〈https://school.japanknowledge.com〉（参照2024-1-5）

　【p.65】AYA世代［欧文略語【2023】], 同上（参照2024-1-21）

さらに探究と新しい教育を知りたい人のために

● 市川力, 井庭崇 (2022)『ジェネレーター：学びと活動の生成』学事出版.

● エリクソン, H. リンほか (2020)『思考する教室をつくる概念型カリキュラムの理論と実践：不確実な時代を生き抜く力』北大路書房（遠藤みゆき, ベアード真理子訳）.

● 片岡則夫 (2021)『マイテーマの探し方：探究学習ってどうやるの?』筑摩書房.

● 河口竜行ほか (2023)『シリーズ学びとビーイング3：学校内の場づくり、外とつながる場づくり』りょうゆう出版.

● ゴールマン, ダニエル・センゲ, ピーター (2022)『21世紀の教育：子どもの社会的能力とEQを伸ばす3つの焦点』ダイヤモンド社（井上英之監訳）.

● 坂本旬ほか (2022)『デジタル・シティズンシップ プラス：やってみよう! 創ろう! 善きデジタル市民への学び』大月書店.

● スプレンガー, マリリー (2022)『感情と社会性を育む学び (SEL)：子どもの、今と将来が変わる』新評論（大内朋子, 吉田新一郎訳）.

● 東京都立高等学校学校司書会ラーニングスキルガイドプロジェクトチーム (2019)『探究に役立つ! 学校司書と学ぶレポート・論文作成ガイド』ペリカン社.

● 戸田山和久 (2022)『最新版 論文の教室：レポートから卒論まで』(NHKブックス1272) NHK出版.

● 名古谷隆彦 (2017)『質問する、問い返す：主体的に学ぶということ』(岩波ジュニア新書854) 岩波書店.

● 登本洋子・伊藤史織・後藤芳文 (2023)『学びの技：14歳からの探究・論文・プレゼンテーション』改訂版　玉川大学出版部.

● バーガー, ロン (2023)『子どもの誇りに灯をともす：誰もが探究して学びあうクラフトマンシップの文化をつくる』英治出版（塚越悦子訳,藤原さと解説）.

● 藤原さと (2020)『探究する学びをつくる：社会とつながるプロジェクト型学習』平凡社.

● 藤原さと (2023)『協働する探究のデザイン: 社会をよくする学びをつくる』平凡社.

● ホルズワイス, クリスティーナ・A. ほか (2021)『学校図書館をハックする: 学びのハブになるための10の方法』新評論（松田ユリ子, 桑田てるみ, 吉田新一郎訳）.

● 文部科学省 (2021)『今、求められる力を高める総合的な学習の時間の展開（小学校編）』アイフィス.〈https://www.mext.go.jp/a_menu/shotou/sougou/20210729-mxt_kouhou02_1.pdf〉（参照2024-1-28）

● 文部科学省 (2022)『今、求められる力を高める総合的な学習の時間の展開（中学校編）』アイフィス.〈https://www.mext.go.jp/a_menu/shotou/sougou/20220426-mxt_kouhou02-2.pdf〉（参照2024-1-28）

● 文部科学省 (2023)『今、求められる力を高める総合的な探究の時間の展開（高等学校編）』アイフィス.〈https://www.mext.go.jp/a_menu/shotou/sougou/20230522-mxt_kyouiku_soutantebiki02_1.pdf〉（参照2024-1-28）

チームでつくる探究的な学び

授業のヒントは学校図書館に

2024年3月25日　初版第1刷発行

監修・執筆	桑田てるみ
執　筆	宗 愛子、横井麻衣子、眞田章子、遊佐幸枝
イラスト	丸山誠司
ブックデザイン	稲垣結子（ヒロ工房）

発行者	設楽敬一
発行所	公益社団法人全国学校図書館協議会
	〒113-0034
	東京都文京区湯島 3 -17-1　湯島大同ビル
	TEL：03-6284-3722（代）
	FAX：03-6284-3725
	https://www.j-sla.or.jp/　E-mail:info@j-sla.or.jp/
印刷・製本所	株式会社厚徳社

ISBN978-4-7933-0105-6　　　　　　　　　　　©SKY-TEAM 2024